古今中外科学家的故事

GUJINZHONGWAI
KEXUEJIA
DE
GUSHI

童之侠

——

编著

化学工业出版社

·北京·

内 容 简 介

本书精心选择了90多位古今中外的著名科学家，通过简明、活泼的文字，带我们走近这些科学家，循着他们的人生经历，倾听他们的事迹，分享他们的喜悦与欢乐、挫折与痛苦，了解他们高尚的品德，勤奋好学的精神，求真务实的科学态度……科学家们在各自不同的领域中取得了杰出的成就，为推动社会的发展做出了巨大的贡献，科学家们的优秀品质更是激励着一代又一代青少年成长。

通过阅读本书，读者既能学习科学家们的优秀品质，又能萌发对科学领域的兴趣和好奇心。愿本书成为青少年朋友的良师益友。

图书在版编目(CIP)数据

古今中外科学家的故事 / 童之侠编著. —北京：化学工业出版社，2021.5
ISBN 978-7-122-39086-8

Ⅰ.①古 ⋯ Ⅱ.①童 ⋯ Ⅲ.①科学家-生平事迹-世界-青少年读物 Ⅳ.① K816.1-49

中国版本图书馆CIP数据核字（2021）第084599号

责任编辑：王清颢　赵媛媛
责任校对：田睿涵
装帧设计：张博轩

出版发行：化学工业出版社
(北京市东城区青年湖南街13号　邮政编码100011)
印　　装：三河市延风印装有限公司
710mm×1000mm　1/16　印张 16　字数 237 千字
2022年3月北京第1版第1次印刷

购书咨询：010-64518888
售后服务：010-64518899
网　　址：http://www.cip.com.cn
凡购买本书，如有缺损质量问题，本社销售中心负责调换。

定　　价：59.80元

亲爱的读者朋友：

当你翻开这本书的时候，展现在你面前的将是一个精彩纷呈、无比奇妙的世界，里面有许许多多关于古今中外科学家的故事。

科学是反映自然、社会和思维等的客观规律的分科的知识体系。科学探索未知、发现真理、改造世界、造福人类。科学家们探索发现无限宇宙和地球上万事万物的奥秘，追寻肉眼无法看见的原子、微生物和病毒的踪迹，发现事物的原理和规律，探究物质的结构和成分；他们发明五花八门的交通工具，创造传播交流的各种新颖方式，研究战胜各种疾病的手段，探索人们各不相同的心理……

每一位科学家的经历都是独一无二的。然而，优秀的科学家也有许多共同之处，他们具有勤奋学习、刻苦工作、坚持不懈的精神，具有强烈的责任感和进取心，有永不满足的好奇心和求知欲。勤于钻研、善于思考、勇于开拓、敢于创新是他们的特点。自立、自强、自信、自律是他们的习惯。不分中外，不管古今，不论专业，成功的科学家们无不具备坚忍不拔的顽强毅力，无比深邃的敏锐思想，敢为人先的惊人勇气。他们认真学习借鉴别人的先进经验，同时不忘创造自己新的天地。

本书故事中的主人公有的是博士、教授，有的是院士、诺贝尔奖获得者，但是对于他们来说，这些头衔只不过是水到渠成，他们更加看重的是他们无比热爱的工作。他们中有的家境贫寒，不畏艰辛，四处求学，刻苦成才；有的学历很低，勤学苦练，自学成才，出类拔萃；有的兴趣广泛，记忆惊人，博古通今，多才多艺；有的改变方向，转换职业，事业辉煌；有的身为女性，不让须眉，做出了令人瞩目的卓越成就；有的是百岁老人，仍然老当益壮，笔耕不辍，不减当年；有的非常年轻，勤奋钻研，已经业绩不凡；有的重度残疾，毫不屈服，成就显著；有的屡遭挫折，坚持不懈，终获成功。他们的人生壮丽辉煌，他们的经历闪耀光芒，他们创造了无数人间奇迹，他们不愧为智?栋梁。读者会惊叹世界上竟然存在如此精彩的人生。在大千世界茫茫?海中，他们是一座座丰碑。他们是智慧的象征，勇气的典范，道德的?模，人类的骄傲。

本书收集了90多位古今中外著名人物的故事，他们在各自不同?领域做出了杰出的贡献。让我们走近这些名人，循着他们的人生经历了解他们的事迹，分享他们的喜悦与欢乐、挫折与痛苦，学习他们的?尚品德。

从方便读者的角度着想，本书具有以下特色：篇章根据古今分?两个部分，每个部分的人物按照中外籍贯、出生日期排序，19世纪?为近现代。书中故事的标题比较详细，提供了故事的主要线索，使?者可以很快知晓大概内容。对于故事中出现的一些比较深奥的概念?在其后的语句中都做了通俗易懂的解释。为了方便读者阅读，对于?些不常见的难字，在括号内加注了汉语拼音。本书注重思想性、知?性、科学性、时代性、新颖性、趣味性、启发性。书中的故事娓娓?来，深入浅出，厚积薄发，可读性强，相信会给广大读者带来一种?新的感受。

愿本书成为你的良师益友，它有助于立德励志，开阔眼界，增?知识，陶冶情操。书中人物涉及的专业很广，各不相同。由此可以?出，三百六十行，行行出状元。

广西铜牛文化传播有限公司副总经理、北海艺术设计学院特聘?师古婕慧，三亚市院士联合会文宣部主管、海南热带海洋学院教师童?参与了部分工作，在此一并表示感谢。特致谢忱。

在编写过程中，难免有疏漏之处，恳请广大读者批评、指正。

童之侠

2021年1?于广州华商学?

目录

第一部分
古代
科学家

095

第二部分
近现代
科学家

扫码听音频

古代科学家

第一部分

1 建筑大师鲁班
手艺高超巧夺天工

鲁班是春秋时期鲁国著名工匠，被尊为"工匠祖师"。

鲁班出身于世代工匠家庭，从小就跟随家人参加土木建筑工程劳动，逐渐掌握了生产劳动的技能，积累了丰富的实践经验。

鲁班很注意对事物的观察、研究，致力于创造发明。有一次鲁班进深山砍树木的时候，不小心脚下一滑跌倒了，他的手也被野草的叶子划破了，渗出血来。他顾不上处理伤口，却摘下叶片一摸，原来叶子边上长着锋利的齿，他用这些密密的小齿在手背上轻轻一划，居然割开了一道口子。鲁班从这件事上得到了启发。他想，要是有这样齿状的工具，不是也能很快地锯断树木了吗？他经过多次试验，发明了锋利的锯子，大大提高了加工木材的工作效率。

起初，木匠要想使一块木料平滑，都是靠斧子砍和削。鲁班磨制了一个小小的薄斧头，安装在透底的木槽里，下面只露一道窄刃，把要加工的木材往上一推，就能吐出朵朵卷花，这便是第一把刨子。有了刨子，鲁班把一块块木板刨得非常光滑平直，拼接得严丝合缝。此外，木工用的许多工具，如钻、曲尺、墨斗，据说都是鲁班发明的。这些木工工具的发明使当时工匠们从原始繁重的劳动中解放出来，劳动效率大大提高。

人们使用的水井最初口大底小，不方不圆，只能算是个临渴掘井的水坑。后来鲁班发明了打井的技法，才出现了井壁以石砌垒的石井，以砖砌垒的砖井，以木材构架的木井，也才懂得了建井台、筑井亭，防污水流入。拉水的滑轮据说也是鲁班发明的。当年鲁班看见乡亲们一头挑着瓦罐，一头挑着一团井绳走上井台，半天提不上一罐子水来时，他觉得乡亲们太辛苦了，于是想出了拉水的滑轮，滑轮慢慢转变成了辘轳，辘轳又转变成了风车，风车又转变成了水车。

石磨也是鲁班发明的。传说鲁班用两块比较坚硬的圆石，各凿成密布的浅槽，合在一起，用人力或畜力使它转动，就把小麦磨成粉了。在此之前，人们加工粮食是把谷物放在石臼里用杵来舂捣，而磨的发明把杵臼的上下运动变为磨盘的旋转运动，使杵臼的间歇工作变成磨盘的连续工作，大大降低了人们的劳动强度，提高了生产效率。

鲁班不仅发明创造多，而且技艺精湛。有一天，鲁班来到街市，忽然一阵嘈杂的吵闹声传来，只见前面高高耸立着一座新建的宝塔，塔前围着一群人，吵吵嚷嚷。他走过去，看见一个身穿绸缎的老人正在发怒，对面蹲着的一个中年人，一副垂头丧气的样子。鲁班一询问才知道事情的究竟。那位老人是位富翁，想要修建一座木制的宝塔。这项工程由那位工匠承接。经过三年的辛苦劳动，宝塔终于建成。可是不管怎么看，塔总是斜的。富翁很是生气，对工匠说：要么推倒重建，要么把宝塔扶正，否则，就把他送官府严办。这可难住了工匠，如果要推倒重建，自己就是倾家荡产也无法承受，把塔扶正又是办不到的事。鲁班走过去绕着宝塔仔细看了看，对一筹莫展的工匠说："不要着急，你给我找点木料来，我可以把它扶正！"工匠一听，半信半疑，可也没有别的办法。于是他扛来木

北京一座以鲁班命名的大厦（童之侠拍摄）

料，带着一丝希望等待着。鲁班不让人插手帮忙，将木料加工成许多小木楔，一块一块地从塔顶倾斜的一面往里敲，使倾斜的一方慢慢抬高。这样起早摸黑干了一个月，宝塔果然直立起来了。工匠感激地问鲁班："恩公，你这样补救为啥能使宝塔直立呢？"鲁班答道："塔是木质的，各部件之间的拉扯比较结实，能形成一个整体，所以可以用打木楔的办法加以扶正。而木楔又是斜面的，比较容易往里打，具有'四两拨千斤'的作用，打进去后可调整塔的倾斜面的高度，使塔不再倾斜。"

多年来，人们为了表达对鲁班的热爱和敬仰，把很多古代劳动人民的集体创造和发明也都集中到他的身上。鲁班的名字实际上已经成为古代劳动人民勤劳智慧的象征。

蔡伦日思夜想
终于成功发明造纸术　2

蔡伦是东汉桂阳郡（今属湖南省）人，他改进了造纸术。

在蔡伦那个年代还没有我们现在用于书写的纸。那个时候的字不是写在竹子或木头做成的竹简或木简上，就是写在丝绸做成的丝帛（bó）上。但是竹简和木简太笨重不易携带，丝帛又太昂贵，不可能大量应用。这极大地限制了写字的范围和文化的传播。为了解决这个难题，蔡伦便下定决心研究造纸的方法。

蔡伦整天都在思考着怎样才能造出写字的好材料，他不仅白天想，夜里做梦也在想。有一天，他看见桦树的薄树皮非常光滑，便拾了几片，拿着反复观看，觉得这是一种写字的好材料。于是他把桦树皮带回家中，提笔写了几行字。过了几天桦树皮干了，皱巴巴的，字也变了形，试验失败了。但是蔡伦没有灰心丧气，没有放弃，他仍然孜孜不倦地继续寻找适合写字的材料。这天，他独自一人到村外去，走到一个水池旁，看见一群小孩从池里捞出稠稠的浆质，摊放在石头上去晒，有的晒干了他们便揭下来玩。他从小孩子手里要来这种东西，左看右看，看了好久，觉得这也许会适合写字。他又向孩子们要了几个薄片，匆匆回到家里，急忙研墨提笔，在上面写起字来，写着写着，他突然兴奋地大声叫道："我找到了！我找到了！"周围的人闻声围了过来，才知道原来是蔡伦为找到写字的好材料而兴奋不已。如获至宝的蔡伦放下笔，马上又跑回了水池边，仔细察看了池子里的浆质，琢磨了很久，又去向村民打听情况。原来，村民常把弹棉花后剩下的烂棉花扔进池子里，时间长了烂棉花就变成了糨糊状。蔡伦仿照这个方法，把破碎的棉织物放进挖好的池子，

蔡伦纪念邮票

然后用水浸泡，用棍子搅，搅了几个月，终于使棉织物变成了糨糊状。然后他把这种东西捞出来晾晒，终于得到了薄薄的片子，成了可以用来写字的物美价廉的好材料。

蔡伦后来又不断改进造纸的工艺。他挑选出树皮、碎布、破麻布、旧渔网等，让工匠们把它们剪断切碎，放在一个大水池中浸泡，然后再蒸煮，直到所有的原材料都变得很软，再用力捣成糊状，最后在席子上摊成薄片，经过晾晒，待纸浆干燥后，从席子上取下来，纸张就制成了。因为采用的原料来源广泛，所以造出的纸张价钱便宜，可以大量生产。而且用这种方法造出来的纸又薄又轻巧，很适合写字，因此受到了人们的欢迎。从此，全国各地都开始用这样的方法造纸。纸张逐渐取代了竹简、木简和丝帛，自此沿用了下来。后来，蔡伦的造纸术沿着丝绸之路传到了中亚和西欧。

指南针、造纸术、印刷术、火药是我国古代科学技术的"四大发明"，是中华民族对世界文明做出的贡献。8世纪，造纸术被阿拉伯商人带到中亚，后又流传到整个阿拉伯世界。12世纪，造纸术才被欧洲人发现，从而结束了欧洲人使用羊皮纸的时代。

自幼爱好探索星空的 **3**
天文学家张衡

张衡于公元78年出生在河南南阳，杰出的天文学家、数学家、发明家、地理学家、文学家。

张衡自幼喜欢读书，从小就爱想问题，对周围的事物总要寻根究底，弄个水落石出。

一个夏天的晚上，父母带着小张衡一起在打谷场上纳凉。大人们一边摇着扇子，一边聊天，孩子们则聚在一起玩得非常开心，只有张衡，一个人不声不响地待在旁边。他仰着头，望着茫茫夜空，嘴里还小声地念叨着什么。母亲以为他累了，就说："衡儿，你要是累了就自己回屋里歇着吧。"张衡好像没听见，依然站在那里，目不转睛地仰望着苍穹。父母见他没吱声，也就不再管他。

又过了好一会儿，大人们都困倦了，接二连三地回家睡觉了，他还在那里望着天空。这时，一个邻居过来拍了拍他的肩膀，说："傻孩子，老看着天上干什么，那上边又不会掉金豆子。"

张衡这才回过神来，他揉了揉酸痛的脖子说："谁指望天上掉金豆子了，我在数星星。"此话一出，大家都愣住了，心想："什么？数星星？真新鲜，还有去数星星的傻瓜。"那人问："那你数清了吗？"

张衡说："我还没有数完呢，不过现在已经数到一千多颗了。"旁边的一位老爷爷插话道："孩子呀，别数了，天上的星星是数不完的。这些星星无穷无尽，你怎么能数清楚啊？！"张衡说："那一片天空就只有一千多颗，只要我坚持数下去，肯定会数完的。"

父亲看出他的心思，就说："衡儿，我知道你的想法，但你这样挨个数是不行的。天上的星星分布是有规律的，你要按照这些规律，把它们分成一个个星座。这样才能把它们弄清楚并且记牢。"小张衡点了点头，按照父亲说的去做，果然又认识了许多新的星星。

过了一段时间，张衡对父亲说："我数得时间久了，看见有的星星位置变了，原来在天空正中的，偏到西边去了。有的星星出现了，有的星星又不见了。它们是在动吗？"

父亲说道："星星确实是会移动的。你要认识星星，先要看北斗星。你看那边比较明亮的七颗星，连在一起，很容易找到。"

"噢！我找到了！"小张衡很兴奋，又问："那么，它是怎样移动的呢？"

父亲想了想说："北斗星是围着北极星转动的，一天它就转一圈。"

这天晚上，张衡一直睡不着，多次起来看北斗星。夜深人静，他看到那闪烁而明亮的北斗星果然发生了转动，他觉得太神奇了！他想：这北斗星为什么会这样转来转去，是什么原因呢？为了探明自然界的奥秘，年轻的张衡常常在书房里读书、研究，同时仔细观察日月星辰。后来，他成了有名的天文学家。

汉朝的时候，中国出现了三种关于天体运动和宇宙结构的学说，这就是"盖天说""浑天说"和"宣夜说"。盖天说认为天在上，地在下，天像一个半圆形的罩子，大地像一个盘子。浑天说认为天是浑圆的，日月星辰会转入地下。宣夜说认为天是无边无际的充满气体的空间，日、月、星辰都飘浮在其中。

张衡根据自己对天体运行的认识和实际观察，写出了有关天文学的著作，他在著作中阐述了无限宇宙的思想，解释了月亮反射阳光和月食发生的原因。他对2500颗恒星的观测记录和计算结果，和近代天文学十分接近。张衡指出月球本身不发光，月光是日光的反射；他还正确地解释了月食的成因，并且认识到宇宙的无限性和行星运动的快慢与距离地球远近的关系。

张衡还想制造出一种仪器，能够上观天，下察地，可以预报自然界将要发生的情况，帮助人们预防自然灾害。他把书本中的知识和他观察收集的材料进行分析研究，开始试制能够"观天察地"的仪器。不知经过多少个风雨晨昏，熬过多少个不眠之夜，张衡终于创制成功了能比较准确地表演天象的漏水转浑天仪。浑天仪是浑象和浑仪的总称。浑仪是古代用于测量天体球面坐标的观测仪器。它是由一重重的同心圆环构成的，整体看起来就像一个圆球。这个大铜球装在一个倾斜的轴上，利用水力转动，它转动一周的速度恰好和地球自转一周的速度相等。在这个人造的天体上，可以准确地看到太空中的星象。

张衡在数学、地理、机械、绘画和文学等方面也表现出了非凡的才能和广博的学识。张衡从不追求名利。大将军邓骘（zhì）是当时的权势人物，多次召他，他都不去。后来他当了官，又因为这种性格，很长时间不得升迁。他对此毫不在意，而是孜孜于钻研科学技术。张衡在科学研究创造上的成就与他从小就热爱科学、勤奋地学习钻研、不懈地观察实验分不开。

为了纪念张衡，人们将月球背面的一个环形山命名为"张衡环形山"，将小行星1802命名为"张衡星"。

浑仪（童之侠拍摄于北京古观象台）

4 名医华佗
中国全身麻醉外科手术第一人

华佗，沛国谯县人（今安徽省亳州市谯城区），东汉末年著名的医学家。

华佗集中精力于医药的研究上，行医足迹遍及安徽、山东、河南、江苏等地。他精通内、外、妇、儿、针灸各科，对外科尤为擅长。华佗尤其善于区分不同病情和脏腑病位，对症施治。一次，有两个官员头疼发热，先后找华佗看病。华佗问明病情，给一个开了泻药，却给另一个开了发汗药。有人问他为什么病情相同，用药却不一样。华佗说："这种病表面看来一样，其实病因不同。前一个病是肠胃的原因，该服泻药；后一个只是受凉，所以让他发发汗就好了。"这两人回去抓了药服了，果然病都好了。

华佗使用的"麻沸散"是世界上最早的麻醉剂。华佗采用让患者酒服"麻沸散"后施行腹部手术的方法，开创了全身麻醉手术的先例。据说，有一天，一个从泰山回来的朋友与华佗闲聊，朋友说他上山时口渴，摘吃了一种红色的草果子，吃过之后浑身麻木，迷迷糊糊睡着了，等到醒来，已经半夜了。华佗听了，心想，用这种草果子给需要开刀的人吃，病人身上要是麻木，不就不知疼了吗？有了这个想法华佗就出发去找这种草果子。华佗历尽艰辛，终于找到了这种草果子，并制成了麻药。可是在找麻药的过程中，华佗唯一的儿子沸儿却因意外而死，华佗于是给药取名为"沸儿汤"，这就是后来著名的"麻沸散"。

有一次，一个被马蜂蜇（zhē）了的女子来看病，华佗没治过这样的病，只好说："我还没有法子能马上给你止疼，真是对不起。"病人走了，华佗越想越不安。就在华佗冥思苦想的时候，他看见一只马蜂向墙边飞去，一头撞上蛛网，粘在了网上，蜘蛛飞快地爬到网中间，上去咬了马蜂一口。马蜂和蜘蛛搏斗，片刻工夫，马蜂就刺中了蜘蛛肚子，蜘蛛从网上掉下来，躺在地上挣扎。后来蜘蛛慢慢爬到水边一块石头上，把肚子在青苔上磨起来。一会儿，蜘蛛便没事一般顺着丝爬上了网。华佗用药刀铲了一块青苔，用手一摸，凉丝丝的。它到底能不能治蜂毒呢？非得试试不行。华佗一狠心，取出棉袄把它盖在头上，往后花园走去。后花园里有一窝马蜂，华佗一竹竿捅掉了马蜂窝，一只马蜂在华佗大拇指上叮了一下，华佗疼得钻心。他赶紧取过那块青苔，把大拇指在青苔上磨了几下，就觉得火辣辣疼的手指头透进一丝凉气，再磨几下就不疼了。后来，华佗就用青苔炼成膏，用于治疗蜂蜇，效果很好。

华佗不但精通方药，在针灸上的造诣也十分令人钦佩，他还特别提倡养生之道。他创编了五禽戏，模仿动物的形态、动作和神态，来舒展筋骨，畅通经脉。华佗的人品也很高贵，他生活的时代是东汉末年，那时战乱四起，水旱成灾，疫病流行，人民处于水深火热之中。目睹这种情况，华佗不愿做官，不求名利，不慕富贵，宁愿到处奔走，为人民解脱疾苦，人们称他为"神医"。

五禽戏

小贴士

　　五禽戏的"五"是个约数，并不限于五种功式；"禽"指禽兽，泛指动物；"戏"在此指特殊的运动方式。五禽戏通过模仿五种动物的动作，不仅能锻炼四肢的筋骨，而且还能使五脏六腑得到全方位的运动。古人说，"药补不如食补，食补不如动补。"活动是保持健康最有效的方法。华佗的五禽戏正是一种取法自然、有益健康的古老运动。

5 张仲景研究伤寒杂病著书推动医学发展

张仲景，东汉末年著名医学家，被后人尊称为"医圣"。

张仲景的父亲张宗汉是个读书人，在朝廷做官。因此，张仲景从小就有机会接触到许多典籍。他笃实好学，博览群书，并且酷爱医学，这也为他后来成为一代医学大师奠定了基础。

当时的社会，兵祸绵延，黎民百姓饱受战乱之苦，加上疫病流行，很多人死于非命。这使张仲景从小就厌恶官场、轻视仕途、怜悯百姓，也促使他萌发了学医救民的愿望。张仲景10岁左右时，就拜当时一位有名的医生张伯祖为师，学习医术。张伯祖性格沉稳，生活简朴，对医学刻苦钻研，每次给病人看病、开方，都十分精心。经他治疗过的病人，十有八九能痊愈。张仲景跟他学医非常用心，无论是外出诊病，还是上山采药，从不怕苦怕累。张伯祖非常喜欢这个学生，把自己毕生行医积累的丰富经验，毫无保留地传给他。

汉代从汉武帝开始实行举"孝廉""良才"的选官制度，被举之学子，除博学多才外，更须孝顺父母，行为清廉，故称为孝廉。由于他父亲曾在朝廷做过官，张仲景被朝廷指派为长沙太守。在封建时代，做官的人不能随便进入民宅，接近百姓。可是不接触百姓，就不能为他们治疗，自己的医术也就不能长进。张仲景想了一个办法，择定每月初一和十五两天，大开衙门，不问政事，让有病的百姓进来，他坐在大堂上为群众诊治。他的举动在当地产生了强烈的震动，老百姓皆大欢喜，对张仲景更加拥戴。时间久了便形成了惯例。每逢阴历初一和十五的日子，衙门前便聚集了来自各方求医看病的群众，甚至有些人带着行李远道而来。后来人们把坐在药铺里给人看病的医生，通称为"坐堂医生"，用来纪念张仲景。

有一年冬天，寒风刺骨，雪花纷飞。张仲景看到很多无家可归的人面黄肌瘦，衣不遮体，因为寒冷，耳朵都冻坏了，心里十分难受。于是，他苦心研制了一个可以御寒的食疗方子，叫"祛寒娇耳汤"。祛寒娇耳汤最初其实就是把羊肉和一些祛寒的药物放在锅里煮，熟了以后捞出来切碎，用面皮包住捏成耳朵的样子，再用原汤将包好馅料的面皮煮熟。面皮包好后，样子像耳朵，又因为功效是为了防止耳朵冻烂，所以张仲景给它取名叫"娇耳"。他让徒弟在南阳东关的一个空地搭了个棚子，支上大锅，为穷人舍药治病，开张的那天正是冬至，舍的药就是"祛寒娇耳汤"。人们喝了汤，浑身发暖，两耳生热，就不会把耳朵冻伤了。

张仲景编写的《伤寒杂病论》是我国最早的理论联系实际的临床诊疗专书，被后世医家誉为"万世宝典"。它系统地分析了伤寒的原因、症状、发展阶段和处理方法，创造性地确立了对伤寒病的"六经分类"的辨证施治原则，奠定了理、法、方、药的理论基础，对后世医学的发展有着深远的影响。张仲景不仅具备精湛的医术，而且淡泊名利、一视同仁，他济世救人的精神激励着后世的人们。

6 中医药学家葛洪
炼丹发现物质变化规律

葛洪，晋丹阳郡句容（今江苏省镇江市句容市）人，东晋化学家、医药学家。

在封建社会，贵族官僚希望永远享受骄奢淫逸的生活，希望有一种"仙丹"让他们长生不老。于是就有了炼丹术。炼丹的人把一些矿物放在密封的鼎里，用火来烧炼。矿物在高温高压下就会发生化学变化，产生出新的物质来。长生不老的仙丹是一种幻想，当然是炼不出来的。但是在炼丹的过程中，人们发现了一些物质变化的规律。

葛洪长期从事炼丹实验，在其炼丹实践中，积累了丰富的经验，认识了物质的某些特征及其化学反应。葛洪详细记录了炼制金银丹药等多方面的知识，也记录了许多物质性质和物质变化。

葛洪在炼制水银的过程中，发现了化学反应的可逆性，他指出，对丹砂加热，可以炼出水银，而水银和硫磺化合，又能变成丹砂。又如"以曾青涂铁，铁赤色如铜"，就描述了铁置换出铜的化学反应。他还指出，用四氧化三铅可以炼得铅，铅也能炼成四氧化三铅。此外，葛洪还提出了不少治疗疾病的药物和方剂，有些已被证实是特效药。如松节油治疗关节炎，铜青（碱式碳酸铜）治疗皮肤病，雄黄、艾叶可以消毒等。

葛洪的医学著作《肘后备急方》，意思是可以常常备在肘后带在身边的应急书。书中收集了大量救急用的方子，这都是他在行医、游历的过程中收集和筛选出来的，他特地挑选了一些比较容易得到的药物，即使必须花钱买也很便宜，消除了以前的救急药方不易懂、药物难找、价钱昂贵的弊病。他尤其强调灸法的使用，用浅显易懂的语言，清晰明确地注明了各种灸的使用方法，不懂得医术的人也能使用。

葛洪第一次在世界医学历史上记载了两种传染病：一种是天花；另一种叫恙（yàng）虫病。葛洪在《肘后备急方》里记录了，有一年发生了一种奇怪的流行病，病人浑身起一个个的疱疮，起初是些小红点，不久就变成白色的脓疱，很容易碰破。如果不好好治疗，疱疮便会一边长一边溃烂，人还要发高烧，十个有九个治不好，就算侥幸治好了，皮肤上也会留下一个个的小瘢。葛洪描写的这种病，正是天花。葛洪把恙虫病叫作"沙虱毒"。沙虱毒的病原体是一种比细菌还小的微生物，叫"立克次氏体"。有一种小虫叫沙虱，它在叮咬的时候将这种病原体带到人的体内，使人得病发热。葛洪在广东罗浮山的山里住过，这一带的深山草地里就有沙虱。沙虱比小米粒还小，不仔细观察根本发现不了。葛洪发现了沙虱，并指出它是传染疾病的媒介。

葛洪很注意研究急病，即我们现在所说的急性传染病，古时候由于认知的限制，人们认为急性传染病是天降的灾祸，是鬼神作怪。葛洪在书中说：急病不是鬼神引起的，而是中了外界的"毒气"。在没有显微镜的一千多年前，葛洪能够排除迷信，指出急病是外界的物质因素引起的，这种见解很了不起。

葛洪博物馆（童之侠拍摄于广东罗浮山）

7 爱钻研的祖冲之对圆周率的贡献

祖冲之，南北朝时期出生于建康（今南京市），杰出数学家、天文学家。

西晋末期，北方发生战乱，祖冲之的先辈从河北迁徙到江南定居下来。祖冲之的祖父祖昌是朝廷管理土木工程的官吏，父亲学识渊博，常被邀请参加皇室的典礼和宴会。祖冲之从小就受到很好的家庭教育，祖父给他讲斗转星移，父亲领他读经书典籍，耳濡目染，他对自然科学和文学、哲学，特别是天文学产生了浓厚的兴趣。祖冲之刻苦钻研科学，把从古时到他生活的那个时代的各种文献、记录、资料，几乎全部都搜罗来进行考察。而且他不把自己束缚在古人的结论中，很多时候都要亲自进行精密的测量和仔细的推算。

祖冲之首次将"圆周率"精算到小数点后第七位。圆周率是圆周长和直径的比，是一个无限不循环小数。圆周率的应用很广泛，尤其是在天文、历法方面，凡牵涉到圆的一切问题，都要使用圆周率来推算。如何正确地推求圆周率的数值，是世界数学史上的一个重要课题。东汉张衡推算出的圆周率值为3.162。三国时王蕃推算出的圆周率数值为3.155。魏晋的著名数学家刘徽创立了新的推算圆周率的方法——割圆术，得出其近似值为3.14；并且说明这个数值比圆周率实际数值要小一些。在祖冲之以前，已经有人提出圆周率跟22/7近似。祖冲之把22/7叫作"疏率"，提出了另一个圆周率的近似值355/113，作为"密率"，因为它更加精密。祖冲之认为自秦汉以至魏晋的数百年中，研究圆周率并未达到精确的程度，于是他进一步去探求更精确的数值。

计算圆周率很不容易。在一个圆里画内接正多边形，计算这个正多边形的总的边长，就可以得到圆周长的近似值，再计算出圆周率。正多边形的边数越多，总的边长跟圆周长就越接近，计算的圆周率也就越精确。祖冲之从圆的内接正六边形开始算起，算内接正12边形的边长，算内接正24边形的边长，再算内接正48边形的边长，如此类推，边数一倍又一倍地增长，直到算出内接正12288边形的边长，才能得到这样精密的圆周率。边数每翻一番，至少要进行七次运算，其中除了加和减，还有乘方和开方。祖冲之算出来的结果有七位小数，乘方、开方等运算起来极其麻烦，如果没有熟练的技巧和坚强的毅力，是无法完成这成百上千次繁难复杂的运算的。在祖冲之那个时代还没有算盘，使用的计算工具叫算筹，它是一根根几寸长的方形或扁形的小棍子，由竹、木、铁、玉等材料制成。通过对算筹的不同摆法，来表示各种数目，计算数字的位数越多，所需要摆放的面积就越大。算筹每计算完一次就得重新摆放以进行新的计算；只能用笔记下计算结果，而无法得到较为直观的图形与算式。因此只要一有差错，比如算筹被碰偏了或者计算中出现了错误，就只能从头开始。就这样，祖冲之在刘徽开创的探索圆周率的精确方法的基础上，首次将"圆周率"精算到小数点后第七位，即在3.1415926和3.1415927之间。在国外，直到16世纪，阿拉伯数学家卡西才打破了这一纪录。

祖冲之还花了许多的精力来研究机械制造，重造出了用铜制机件传动的指南车，发明了一天能走百里的"千里船"、利用水力加工粮食的工具水碓磨，还设计制造过计时器漏壶和欹器。三国时代的马钧曾造指南车，至晋已经失传。祖冲之所制的指南车，内部机件构造精巧，运转灵活，无论怎样转弯，木人的手总是指向南方。欹（qī）器是一种计时装置，类似沙漏。有双耳可穿绳悬挂，底厚而收尖，利于空瓶时向下垂直；口薄而敞开，利于盛满大量的水时倾倒，上面放置装置匀速滴水，形成周期性自动滴入水、倾倒水、空瓶立正，如此循环往复。

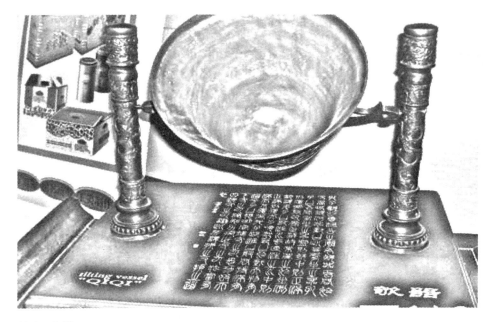

欹（qī）器

　　祖冲之的成就并不限于自然科学方面，他还精通乐理，对于音律很有研究。祖冲之还著有关于哲学的书籍和文学作品。为纪念祖冲之，1964年紫金山天文台将发现的国际编号为1888的小行星命名为"祖冲之星"。1967年，国际天文学家联合会把月球上的一座环形山命名为"祖冲之环形山"。

药王孙思邈勤奋好学
医德高尚医术高明

8

孙思邈，京兆华原（今陕西省铜川市耀州区）人，唐代医药学家，被后人尊称为"药王"。

孙思邈出身于农民家庭。他从小就聪明过人，七岁的时候，就认识一千多字，每天能背诵上千字的文章，受到老师的器重，他嗜学如渴，知识广博，被人称为"圣童"，长大后开始爱好道家老庄学说，精通道家典籍。孙思邈一生勤奋好学，知识广博，通老庄学说，知佛家经典，阅历非常丰富。据说孙思邈幼时体弱多病，经常请医生治疗，他便立志学医。他一方面下功夫钻研医学著作，另一方面亲自采集草药，研究药物学。他认真研读《黄帝内经》《伤寒杂病论》《神农本草经》等古代医书，同时广泛收集民间流传的药方，热心为人治病，积累了许多宝贵的临床经验。孙思邈十分重视民间的医疗经验，不断走访并记录，完成了《千金要方》。孙思邈还与政府合作开展医学活动，完成了世界上第一部国家药典《唐新本草》。

孙思邈很重视研究常见病和多发病。住在山区的人由于食物中缺碘，易患甲状腺肿大病，他认为这种病是由于山中的水质不洁净引起的，所以就用海藻等海生植物和动物的甲状腺来治疗，取得了较好的效果。他对脚气病做了详细的研究，提出用谷白皮煮粥常服可以预防，他选择的治疗脚气病的药物含有丰富的维生素，效果很好。在山中居住时，孙思邈亲自采集药材，研究药物性能。他认为适时采药极为重要，早则药势未成，晚则药势已竭。依据丰富的药学经验，他确定出200多种中药材适合采集的时节。孙思邈不仅精于内科，而且擅长妇科、儿科、外科、五官科。他非常重视妇幼保健，首次主张治疗妇女儿童疾病要单独设科，他把《妇人方》三卷、《少小婴孺方》二卷置于《千金要方》之首。在他的影响之下，后代医学工作者普遍重视研究妇、儿科疾病的治疗。

据传，有一次，孙思邈路遇一队送葬之人，队伍过后，地上的几滴异样鲜血引起了他的注意，连忙追上，询问情况，原来棺内装着一位产妇，因难产刚刚去世。孙思邈俯身去嗅血迹，断定此人可救，遂说服丧者的亲人，打开棺椁。他找准产妇的穴位，一针下去，片刻，产妇全身抽动，慢慢苏醒，并顺利生下一名男婴。

孙思邈对古典医学有深刻的研究，对民间验方也十分重视。他深入民间，向群众和同行虚心学习、收集校验秘方。他系统、全面、具体地论述了药物种植、采集和收藏的方法。他论述医德思想，倡导妇科、儿科、针灸穴位等都是前人未有的。孙思邈首先提出复方治病；提出多样化用药外治牙病；提出用草药喂牛，而使用其牛奶治病。孙思邈对诊病方法做了总结："胆欲大而心欲小，智欲圆而行欲方。""胆大"是要有自信；"心小"是要时时小心谨慎；"智圆"是指遇事圆活机变；"行方"是指不贪名、不夺利，心中自有坦荡天地。

孙思邈塑像（童之侠拍摄于北京地坛公园）

小
贴
士

孙思邈撰写的医学巨著《千金要方》又称《备急千金要方》《千金方》，是中国历史上第一部临床医学百科全书。孙思邈认为人命重于千金，故以"千金"为书名。他汲取《黄帝内经》关于脏腑的学说，在《千金要方》中第一次完整地提出了以脏腑寒热虚实为中心的杂病分类辨治法。三十卷《千金要方》内容丰富，既有诊法、证候等医学理论，又有内、外、妇、儿等临床各科。孙思邈晚年所著的《千金翼方》三十卷是对《千金要方》的补充。这两部著作被誉为中国古代的医学百科全书，问世后备受世人瞩目，广为流传。

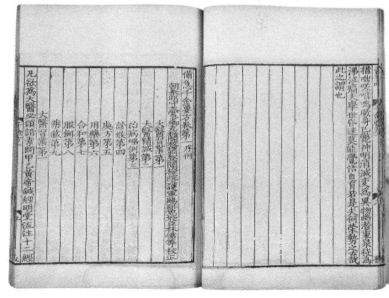

金方》

9 印刷工人毕昇 发明活字改进印刷技术

毕昇（shēng）是北宋蕲州（今湖北省黄冈市英山县）人。他发明了胶泥活字印刷术。

毕昇是一位印刷工人，非常热爱自己所从事的工作。自从蔡伦发明造纸术以后，书写材料比起过去用的甲骨、简牍轻便、经济多了，但是抄写书籍还是非常费时费力，远远不能适应社会的需要。后来，人们发明了雕版印刷术。

雕版印刷是在平滑的木板上，粘贴上抄写工整的书稿，薄而近乎透明的稿纸正面和木板相贴，字就成了反体，笔画清晰可辨。雕刻工人用刻刀把版面没有字迹的部分削去，就成了字体凸出的阳文。印刷的时候，在凸起的字体上涂上墨汁，然后把纸覆盖在上面，轻轻拂拭纸背，字迹就留在纸上了。雕版印刷对文化的传播起了很大的作用。但是大部头的书往往要花费几年，甚至几十年的时间刻版。存放版片要占用很大的地方，而且版片常会因变形、虫蛀、腐蚀而损坏。

当时，杭州西山有位叫"神刀王"的雕刻师傅，技术出众，但他从来不肯收徒弟。当时毕昇还是个小孩子，听说后，就从英山慕名到杭州拜师。"神刀王"看毕昇聪明灵巧，十分讨人喜欢，就破格收下了这名小徒弟。毕昇跟着师傅早起晚睡，勤奋学习雕刻技术，不久，他的技艺就有了很大的进步。有一天，"神刀王"雕刻晋代大书法家王羲之的《兰亭序》，毕昇在一旁观看。突然毕昇不小心碰了一下师傅的胳膊，结果最后一行的一个字刻坏了，这样，整块模板就报废了。"神刀王"没有责备他，可毕昇却难过得饭也吃不下，觉也睡不着，一连难过了好多天。同时他想，木板雕刻印刷这么麻烦，能不能改进一下呢？此后，毕昇一有空闲，就琢磨这件事。有一天，师傅让他到街上买东西，他边走边想，经过一个刻制图章的摊前，看到一个一个图章排得很整齐。他想，如果印刷也能像刻图章一样，把所要的字一个一个排起来，就不会因为一个字坏了而影响到整块雕版了。

说干就干，毕昇起初用木料做活字，他发现木料纹理疏密不匀，刻制比较困难，遇水后会膨胀变形，且和黏合剂粘在一起不容易分开。后来他又改用胶泥，因为毕昇想起了幼年时候和小伙伴们一块儿捏泥人的游戏。他找来胶泥，做成了一个个的方块，在上面刻成反字，晒干后，涂上墨，果然印出了字。只是胶泥不结实，他又向烧窑的师傅请教，他发现经过烧制后，字模变硬了，这便成了活字。排版时，把活字排在铁框里固定好，就可以像雕版一样印刷了。为便于拣字，把胶泥活字按韵分类放在木格子里，贴上纸条标明。排版时，用一块带框的铁板作为底托，上面敷一层黏合剂，然后把需要的胶泥活字一个个从备用的木格里拣出来，排进框内，排满就成为一版，用一块平板把字面压平，就成为版型。印刷时，只要在版型上刷上墨，敷上纸，加上压力就行了。为了提高效率，常用两块板，一块印刷，一块排字。印完一块，另一块又排好了，这样交替使用，效率很高。

雕版

　　毕昇在自己的工作中着眼于怎样才能让印刷术变得更简单、更容易、更方便一些，时刻注意观察、思考、做实验。就这样，青年印刷工人毕昇发挥自己的聪明才智，发明了简单灵活、操作方便的胶泥活字印刷术，使印刷效率一下子提高了几十倍。活字印刷术具有一字多用、可重复使用、印刷多且快、省时省力、节约材料等优点，比整版雕刻经济方便，是印刷技术史上一次质的飞跃。

　　活字印刷术不仅节省了大量的材料和时间，而且大大提高了印刷数量和质量，能够保证有更多书籍印刷出来。后来，活字印刷术还陆续传播到国外。1456年，德国出现欧洲第一部活字印刷品，比中国的活字印刷晚了约四百年。活字印刷术对后世印刷术乃至世界文明的进步有着巨大而深远的影响，是中国古代四大发明之一。

活字

宋代博物学家苏颂 **10**
一生好学无所不通

苏颂，宋代科学家，中国古代最杰出的博物学家之一。

苏颂在福建泉州南安长大，从小聪颖过人，5岁就能背诵经书和诗文，22岁中进士。苏颂从政之初，任江宁（今属南京市）知县时，办事勤谨，清廉爱民，每遇民间纷争，均要劝谕和睦。江宁经五代十国战乱之后，图籍散失无存，土地、人口数量无从查考，赋税征收全凭官吏规定，流弊极大。苏颂到任后，重整户籍、地册，制定合理的赋税数额，大大减轻了百姓负担，邻近各县纷纷效仿。

苏颂曾负责校正编撰古籍，由此他接触了很多文献资料，为他成为一个知识渊博的学者创造了条件。苏颂一生好学，天文、地理、历算、山经、本草、医药等无所不通。苏颂领导科技工作的时候深入钻研业务，力求精通他主管的工作。领导编写医书时，他研读了从《内经》到《外台秘要》的历代医药著作，并亲自校订了《神农本草经》等多种典籍，使自己通晓了本草医药知识。他领导研制水运仪象台期间，对两汉、南北朝、唐、宋各代的天文著作和仪器也做了研读与考察。苏颂在《新仪象法要》中绘有多种星图，是历史上流传下来的全天星图中保存在国内的最早星图。

苏颂领导了《图经本草》的编写工作。他在领导这一工作时采用了发动广大医师和药农呈送标本和药图，并写出详细说明的方法，改变了以往脱离实物的弊病，纠正了药物的混乱。苏颂做科技工作不但指导全局，而且亲自动手，不畏劳苦。《图经本草》的标本、药图和说明文字来自四面八方，为整理堆积如山、其乱如麻的原始材料，他提出的原则是想尽一切办法把问题研究明白，实事求是，既不轻易舍弃资料，也不急于做判断，而是两说并存或存疑待考。这也是他的工作能取得重大成就并经受住时间考验的一个重要原因。由于采取上述原则，苏颂经过统一整理，重加撰述，终于完成了流传至今的第一部有图的本草书——《图经本草》。《图经本草》在药物学上有重大价值，在生物学上也有较大贡献，它对动植物形态进行了准确生动的描述。在矿物学与冶金技术方面，它不仅说明了丹砂这种矿物药的产地和特点，而且简要介绍了丹砂矿的开采过程。书中关于冶金技术也有许多记载，如关于钢铁冶炼的工艺过程。

苏颂主持创制的水运仪象台是11世纪末我国杰出的天文仪器，也是世界上最古老的天文钟。水运仪象台是一座高约12米，宽约7米，像三层楼房一样的巨型天文仪器，将天文观测、天象演示、计时报时集为一体，被誉为世界上最早的天文时钟，堪称世界科技史上的壮举。

水运仪象台上层是观测天体星辰运动轨迹的浑仪，中层是演示天体星辰运动的浑象，下层是昼夜报时的齿轮传动机械系统。报时系统为五层塔形木阁，每层有门，到一定时刻门中有人出来报时，利用不同的打击乐器和不同颜色的木人来表达时刻的差异。水运仪象台竣工之后，76岁高龄的苏颂将其设计原理、全部设计图样及文字说明汇集成书，撰成了《新仪象法要》。这是代表宋代最高水平的天文机械图样专著，也是世界上现存最早最完整的机械图纸。

苏颂用毕生精力专注于科技学上的追求和探索，在静力学、动力学、光学、数学、机械科技方面均有深厚的造诣。苏颂的文学作品主要收录在《苏魏公文集》《魏公谭训》等中。其中《苏魏公文集》里有20余首可称为科学诗，其题材涉及天文、地理、水利、矿产、动植物等自然科学领域。他以诗歌创新形式，举证技术方法，传播科学知识，介绍观察成果，揭示事物本质。他用自己丰富的科学知识为人们解开了许多不解的谜团，是我国最早写科学诗的诗人。他曾两次出使辽国，撰成《华戎鲁卫信录》。这是一部关于北宋与契丹两国交往的百科全书，内容极为广泛，在外交史上占有重要地位，成为我国历史上民族交往的珍贵文献。

苏颂从地方到中央，担任了一系列重要的官职，最后做了宰相，为官50多年，一直保持清廉的作风，政绩颇丰。在他处理政府事务时，也显示出作为一个科学家严谨治学的行事风格。任江苏江宁知县时，他清查了富户漏税行为，核实丁产，编成户籍，按册课税，既增加了国库收入，又减轻了穷人的负担。

　　苏颂在天文仪器、本草医药、机械、星图绘制等许多方面都能站在时代的前列。他善于集中群众的智慧，组织集体攻关；善于发现人才，并大胆地提拔任用人才；勤于实验，设计多种方案，反复进行实验；勇于实践，大胆地进行全国性药物普查；尊重科学，实事求是，最重要的是他在科学上的开拓进取和创新精神。剑桥大学的李约瑟教授称其为"中国古代和中世纪最伟大的博物学家和科学家之一"。

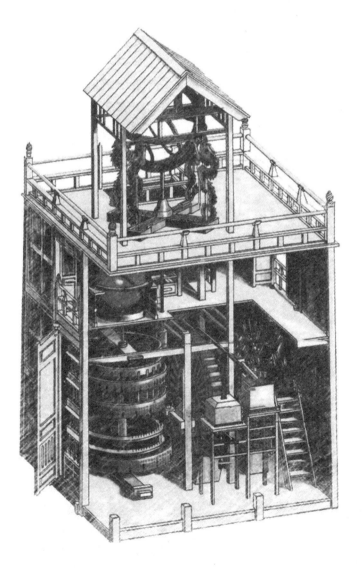

水运仪象台

11 多才多艺的科学家
沈括软禁期间绘地图

沈括，浙江杭州人，被誉为"中国科学史中最卓越的人物"。

沈括的父亲做过官，母亲也是一个有学问的人。沈括从小就喜欢读书，各种杂书都爱看，他四岁就读完了家里的藏书。小时候他曾跟随父亲到过泉州、开封、南京、苏州等地，通过接触社会，增长了见识，而且他从小就表现出对大自然的强烈兴趣和敏锐观察力。沈括自幼体弱，经常需要服中药调理。他从搜集医方开始钻研医学，并汇集成两本医药学著作《良方》和《灵苑方》，他收方必"目睹其验"，并将实物与文献对证，对药物名称和功效进行考证。因此，《梦溪笔谈》中还对一些矿物的药用价值进行了记录。

沈括做过县官，后来调到东京（今河南省开封市）任职，他埋头在皇家图书馆中读了不少书。他还做过"司天监"的官员，研究天文和历法。不久，他又奉命到好几个地方负责治水。他不仅当过使节出使契丹，还当过指挥官打过仗。

沈括是一位百科全书式的科学家，他对天文、历法、地质、光学、医学、数学等领域都有过探索，他最早发现了地磁偏角，并提出日月星体为球形，月球并不发光，其光来自太阳光的反射。沈括通过观察实验，对小孔成像、凹面镜成像等原理做了准确而生动的描述，他指出了光的直线传播、凹面镜成像的规律，注意到表面曲率不同与成像之间的关系。沈括通过对声学现象的观察，注意到音调的高低由振动频率决定，并记录下了声音的共鸣现象。他还用纸人来放大琴弦上的共振，形象地说明了应弦共振现象。沈括还提出了"虚能纳声"的空穴效应，以此来解释兵士用皮革箭袋作为枕头可以听到数里外人马声的原因。

　　沈括对天象进行了细致的观测，有了一些新的发现。沈括用晷（guǐ）和漏观测发现了真太阳日有长有短。经现代科学测算，一年中真太阳日的极大值与极小值之差仅为51秒。浑仪是测量天体方位的仪器，沈括对此做了很大改进：取消了浑仪上不能正确显示月球公转轨迹的月道环，放大了窥管口径，使其更便于观测极星，既方便了使用，又提高了观测精度。漏壶是古代测定时刻的仪器，沈括对漏壶也进行了改革，把曲筒铜漏管改作直颈玉嘴，并且把它的位置移到壶体下部。这样流水更加通畅，壶嘴更加坚固耐用。沈括还制造了测日影的圭（guī）表，采用三个候影表来观测影差，以克服蒙气差对精度的影响。

　　沈括51岁时被罢官，被软禁在湖北随州又冷又潮湿的法云禅寺里。在这里，他并没有气馁，却编绘了全国地图。他早就想着手这一工作，平时随身都带着图稿，到什么地方就画一点。但由于公务繁忙，未及整理。被软禁后，他趁着有时间，细细画图，再经过不断修改，终于完成了《天下州县图》。这幅地图的总图高约4米，宽约3.3米，还附有19幅分图。从沈括着手画草图开始，到最后完成，共花费了10多年的时间。

日晷　　　　　　　　月晷　　　　　　　　星晷

（李侠拍摄于中国传媒大学和北京古观象台）

　　从 57 岁到 65 岁，沈括隐居在江苏镇江东门外的梦溪园里，写出了《梦溪笔谈》。他的这本书内容涉及天文、气象、历法、数学、物理、化学、生物、医药、地质、地理、文学、史学、艺术等各方面的知识。这广博的知识是沈括刻苦学习得来的。沈括为了测定北极星的位置，在 3 个多月中，每天晚上的上半夜、午夜、下半夜各起床一次，3 次观看天象，画上星图。3 个多月中，共画了 200 多幅图。那时候没有闹钟，这样每夜准时起床 3 次，很不容易。没有坚强的毅力是不可能办到的。

　　但是即使是学识渊博的人，有的时候也有失误。有一年春末，白居易游庐山时写下《大林寺桃花》。沈括读了这首诗后说道："既然'四月芳菲尽'，怎么会'桃花始盛开'呢？大诗人也写出这样自相矛盾的句子，可谓'智者千虑，必有一失'呀！"后来有一年四月，沈括到一座山上考察，见到山下众花凋谢，山顶上却是桃花红艳，猛然想起白居易的诗，领悟到是自己错怪了诗人，他发现了高度对季节的影响：由于山上气温低，春季到来要晚于山下。后来他又找来白居易的诗，发现前面有一篇序，序中写大林寺：山高地深，时节绝晚，于时孟夏月，如正二月天，山桃始华，涧草犹短。人物风候与平地聚落不同。沈括读了以后感慨地说："都怪我读书不仔细，经验太少啊！"显示了一位智者勇于认错的胸怀与风范。

黄道婆历尽艰辛
刻苦实践成为纺织能手

12

黄道婆，松江府乌泥泾（今属上海市）人，宋末元初棉纺织家、技术改革家。

黄道婆生于一个穷苦人家，当时正是宋元更替、兵荒马乱之际，黄道婆很小就失去了全部亲人，她孤苦无依，自幼就砍柴做饭、洗洗涮涮、拿针用线……然而，在那个年月，成年劳动者尚且不得温饱，何况一个孤苦幼女。黄道婆十二三岁就被卖给一个人家当童养媳。她白天下地干活，晚上织布到深夜，还要遭受公婆和丈夫的虐待。即使每天被家里活累得筋疲力尽，黄道婆也还是挤出时间来练习纺织技术。不久，她便熟练地掌握了纺织的全部操作工序：剥棉籽、弹棉絮、卷棉条、纺棉纱、织棉布。

1263年的一个清晨，黄浦江边一条商船准备起锚出海，忽然，从舱底上来一个蓬头垢面的青年女子，苦苦哀求船主把她带到海南。这是十八岁的黄道婆。多年来，她跟纺织结下了不解之缘，总想着怎样提高工效。有一天，她看到了从闽广运来的棉布，色泽美观，质地紧密，后来又看到海南岛的黎族所生产的匹幅长阔而且洁白细密的纺织品，不由得对那个地方心驰神往。上这条船的前一天，黄道婆在家里，天刚放亮就下地，太阳落山才回家，她疲乏得进门躺在床上就和衣睡着了。凶狠的公婆把她拖下床来毒打一顿，打完后把她锁进了柴房，不让她吃饭，也不让她睡觉。黄道婆痛苦到了极点，再也不愿忍受这样的折磨，决心挣脱枷锁，离开这个黑暗的家庭，从此弃乡远航，访求先进的纺织技术。半夜，她挖穿屋顶逃出来，奔向黄浦江边，躲进商船舱底。老船主听了黄道婆讲述的痛苦遭遇，非常同情她，点头答应了她的要求。于是，黄道婆登上船头，洒泪告别了出生地，随船南渡。那时，交通工具简陋，航海技术低劣，黄道婆忍着颠簸饥寒，闯过惊涛骇浪，随船到了海南岛南端的崖州，即现在的三亚。

崖州的木棉和纺织技术强烈地吸引着黄道婆，朴实的黎族人民热诚地欢迎她、款待她。拿起了著名的黎幕、鞍搭、花被，瞅着那光彩明亮的黎单、五色鲜艳的黎饰，黄道婆便爱不释手，赞美不止。为了早日掌握黎家技术，她每天很早起床，刻苦学习黎族语言，耳听、心记、嘴里练，努力和黎族人民打成一片，虚心地拜他们为师。她研究黎族的纺棉工具，学习纺棉技术，废寝忘食，争分夺秒，每学好了一道工序，会用一种工具，她的心就仿佛开了花。黎族人民不仅在生活上热情照顾黄道婆，而且把自己的技术传授给她。聪明的黄道婆，把全部精力都倾注在棉织事业上，又得到这样无私的帮助，很快就熟悉了黎家全部织棉工具，学成了他们的先进技术。她深钻细研，锲而不舍，刻苦实践，终于成为一个技艺精湛的棉纺织能手。

黄道婆在美丽的海南岛起早贪黑，度过了无数个日子。转眼之间，到了13世纪末。这些年黄道婆在海南这个元朝统治力量薄弱的少数民族聚居区，没受战争之苦，顺利地学到了技术。听说故乡安定下来，她又想起那里棉织业的落后情形，升起了一股难以抑制的思乡之情。她向海南同胞说出了心事，情长谊深的黎族姐妹舍不得离开她，但又理解她，只好压着惜别的心情支持她。1295年的一天，黄道婆搭船离开崖州，重返她阔别三十多年的长江之滨。

黄道婆重返故乡时，植棉业已经在长江流域普及，但纺织技术仍然很落后。松江一带当时使用的都是旧式单锭手摇纺车，功效很低。黄道婆经过反复试验，把用于纺麻的脚踏纺车改成三锭棉纺车，脚踏的劲大，还腾出了双手握棉抽纱，同时能纺三根纱，速度快、产量多，这在当时世界上是最先进的纺车。她的新技术在松江、太仓和苏杭等地迅速推广开来，制棉业快速发展，乌泥泾附近一千多户靠棉织技术谋生的居民生活水平都提高了。

黄道婆除了在改革棉纺工具方面做出重要贡献以外，还把从黎族人民那里学来的织造技术，结合自己的实践经验，总结成一套先进的"错纱、配色、综线、絮花"织造技术，热心向人们传授。因此，当时乌泥泾出产的被、褥、带等棉织物上有折枝、团凤、棋局等各种美丽的图案或字样。这些纺织品远销各地，很受欢迎，不久松江一带就成为全国的棉织业中心，历几百年而不衰。

黄道婆早年生活困苦，历尽波折，然而她不畏艰难、刻苦学习研究、辛勤劳动实践，有力地影响和推动了我国棉纺织业的发展。她是我国古代劳动妇女坚强、勤奋、不屈的杰出典型，她的名字和功绩永远留在广大人民的记忆中。

黎饰

13 李时珍深入调查数十年
完成巨著《本草纲目》

李时珍，湖北蕲春县蕲州镇人，明代医药学家，被后世尊为"药圣"。

李时珍出身于医生世家，父亲是当时的名医。他23岁开始随父学医。1556年，李时珍被推荐到太医院工作，授"太医院判"职务。这期间，李时珍积极地从事药物研究工作，经常出入于太医院的药房及御药库，认真仔细地比较、鉴别各地的药材，搜集了大量的资料，同时还有机会饱览了王府和皇家珍藏的丰富典籍，同时从宫廷中获得了当时有关民间的大量本草相关信息，并看到了许多平时难以见到的药物标本，开阔了眼界，丰富了知识。李时珍利用太医院良好的学习环境，不但阅读了大量医书，而且广泛参考经史百家、方志类书、稗官野史。任职一年后，太医院无法再满足他的学习要求，他便辞职回乡。

李时珍辞官还乡后创立东璧堂，坐堂行医。他在行医及阅读古典医籍的过程中发现古代本草书中存在不少错误，决定编写新书。为此目的，他阅读了八九百种医书以及很多历史、地理和文学等方面的名著，他还亲自到各地去寻找药材。每到一地就虚心向人求教。自1565年起，李时珍多次外出考察，先后到武当山、庐山等地收集药物标本和处方，足迹遍及湖广、江西许多名山大川，弄清了许多疑难问题。

在考察中，李时珍非常注重向劳动人民学习，他从菜农处知晓了芸薹即油菜，从工人处学得防止采矿中毒之法……渔翁、农夫、皮匠、猎户等都是他的老师，使他获益匪浅。有一次在旅途中，李时珍投宿在一个驿站，遇见几个替官府赶车的马夫。这些人围着一个小锅，煮着连根带叶的野草，李时珍上前询问，他们告诉李时珍，他们赶车人成年累月地在外奔跑，损伤筋骨是常有之事，如将这药草煮汤喝了就能舒筋活血。这药草叫"旋花"，李时珍便将马夫介绍的经验记录了下来：旋花有"续筋骨、益精气"之用。

1552年，李时珍开始编写《本草纲目》。经过近30年的努力，在其父亲、儿子及弟子的帮助下，李时珍终于完成了《本草纲目》的初稿。《本草纲目》载有药物1892种，书中还绘制了1160幅插图，方剂11096首，约190万字，分为16部、60类。每种药物分列释名、集解、正误、修治、气味、主治、发明、附方等项内容，是我国医药宝库中的一份珍贵遗产，是对16世纪以前中医药学的系统总结，被誉为"东方药物巨典"，对人类近代科学以及医学影响巨大。

《本草纲目》

14 宋应星求书如饥似渴 潜心钻研技术

宋应星，江西南昌府奉新县人，明朝科学家。

宋应星自幼聪明强记，几岁就能作诗，有过目不忘之才，深受老师及长辈喜爱。他对天文学、声学、农学及工艺制造学有很大兴趣，还很喜欢音乐。宋应星参加了江西省的科举考试，在一万多考生中，他考取全省第三名举人。不过接下来，宋应星多次参加京城会考，却屡屡受挫，直到45岁第五次落榜以后，他才放弃了入仕的想法，转而潜心钻研科学技术。

宋应星博览群书、学富五车，少年时期就是有名的书痴。沈括的《梦溪笔谈》是一部价值很高的科学著作，宋应星15岁那年就渴望能一睹为快。每见到读书识字的亲友邻居，他都急切地询问人家是否有这本书。有一天，他听说镇上的一家书铺刚购进一批新书，就急匆匆赶去，发现书架上摆的都是四书五经，没有他魂牵梦萦的《梦溪笔谈》。店老板见这位少年在书架旁找来找去，询问得知是要买《梦溪笔谈》。店老板说现在人们都读四书五经，只为考取功名，科学方面的书即使进了货也没人买，宋应星只好懊丧地离开了书铺。在往回走的路上，他脑子中一直在想去哪找这本书，又感觉无能为力，只得边叹气，边摇头。他一边走，一边想，只听"哎哟"一声，发现自己撞到了一个行人身上，再看地上，已经撒了许多米粿。这时宋应星才回过神来，连声道歉，急忙弯下腰帮那位行人捡米粿。捡着捡着，宋应星眼前一亮，包米粿的废纸上竟是《梦溪笔谈》的内容！这真是踏破铁鞋无觅处，得来全不费功夫。他忙向那人询问米粿是从哪儿买的，好去寻找这本书。宋应星一口气跑出好几里路，才气喘吁吁、满头大汗地追上了卖米粿的老汉，要出高价买老汉包米粿的废纸。老人见他爱书心切，就找出一本旧书给了他，原来是部残本的《梦溪笔谈》，少了后半部。老人说他这书是清早路过南村纸浆店时向店老板讨来的。宋应星又一路跑着赶到纸浆店，才得知另半部书已经和别的旧书一起拆散泡入水池，正准备打成纸浆。宋应星急得搓着手在水池边转来转去，心痛地望着水池里的书，眼泪都要掉下来了。他拉住店老板的手，急切地说："求求您，帮忙把那本书从水池中捞上来吧。"说着，他摸出了身上所有的钱，摆在老板面前，又脱下衣服抵作酬金。老板不解地说："孩子，这一池废书也不值这些钱啊！"宋应星向老板讲述了自己找这本书的全部经过，老板被他这种求学的精神深深感动了，赶忙让工匠下到水池里从散乱的湿纸堆中找齐了那半部书。宋应星捧着湿淋淋的书回到了家，小心翼翼地一页页分开，晾干，装订好。就这样，宋应星终于找全了梦寐以求的《梦溪笔谈》。

1635年，宋应星任江西省袁州府分宜县学教谕，类似现代的公办教师。在这个阶段，宋应星把知识和休闲时间都用在了科学研究上，他的主要成就体现在《天工开物》这本巨著里。

《天工开物》是世界上第一部关于农业和手工业生产的综合性著作。它对中国古代的各项技术进行了系统地总结，形成了一个完整的科学技术体系。《天工开物》按生产部门编列为十八卷，内容包括农业耕种、农具及灌溉机械的用法，养蚕、缫（sāo）丝、丝织、棉纺、麻纺、毛纺等生产技术，染料植物的种植方法及染色技术，粮食加工、盐的生产、糖的制造、酿酒技术，冶铸、矿石开采冶炼、车船制造驾驶、兵器制造，以及造纸、文具制作、珠宝加工等。他记述了油脂、冰糖、井盐、天然气、造纸、染料、银朱、炭黑、铅丹、胡粉等传统产品的生产工艺。在农业方面，宋应星对水稻浸种、育种、插秧、耘草等生产全过程做了详尽的记载。宋应星记载的用金属锌代替锌化合物炼制黄铜的方法，是人类历史上用铜和锌两种金属直接熔融而得黄铜的最早记录。在手工业方面，宋应星力图运用定量的方法，他在叙述生产过程时，特别注意原料消耗、成品回收率等方面的数量关系，有明确的量的观念。金属和合金冶炼是我国古代重要手工业，《天工开物》中有很大的篇幅反映这方面的成就。在航运方面，宋应星总结了我国古代舵工创造的逆风行船的经验。全书附有123幅插图，展示有关生产过程。

《天工开物》的书名是用"巧夺天工"和"开物成务"两个成语合并而成的。前一成语的意思是说，人们用自己的聪明才智和精湛的技艺，可以生产出胜过天然形成的精美物品；后一成语的意思是说，如果掌握了事物的规律，就能办成事情。

宋应星注意从一般现象中发现本质，在自然科学理论上取得了很大的成就。他倡导实用，注重调查研究，亲自到手工作坊、田间地头进行实地考察和进行科学实验。宋应星兼顾理论与实践的治学态度影响了后世的学风。

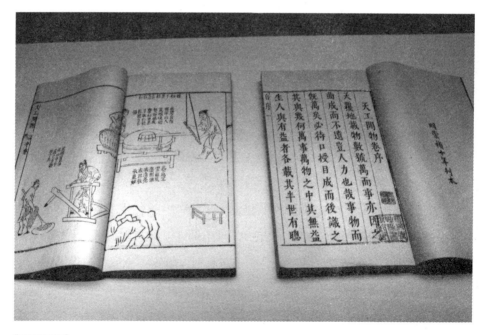

《天工开物》

地理学家徐霞客
历尽艰辛游历神州大地 15

徐霞客，明末地理学家、旅行家、文学家。

徐霞客出生在南直隶江阴县（今江苏省江阴市），仕宦世家、书香门第，父亲徐有勉是个淡泊名利的人，不喜欢和官场中的人结交，宁愿平静悠闲地在乡间生活，这在一定程度上对年幼的徐霞客有所影响。幼年时期的徐霞客，天资聪颖，有很强的记忆力，而且勤学好问，对于他不明白的地方，总要打破砂锅问到底。他虽然对四书五经和八股文没有很大的兴趣，但是特别喜欢历史、地理和探讨大自然等方面的书籍。父亲见儿子无意功名，就鼓励他博览群书。徐霞客读书非常认真，凡是读过的内容，别人问起都能记得。家里的藏书渐渐不能满足他的需要，他就到处搜集没有见到过的书籍，只要看到好书，他就一定要买下来，身上没带钱，就脱掉身上的衣服去换书。

徐霞客22岁开始旅行，他肩挑简单的行李，离开了家乡。从此，徐霞客绝大部分时间都是在旅行中度过的。在四百多年前，交通很不发达，而徐霞客为了考察得准确细致，在三十多年的旅行考察中，主要是靠徒步跋涉，连骑马乘船都很少，经常自己背着行李赶路。三十多年间，他先后进行了四次长距离的跋涉，足迹遍及现代的江苏、浙江、山东等近二十个省市自治区。徐霞客游历了如此广阔的地区，他寻访的地方多是荒凉的穷乡僻壤，或是人迹罕至的边疆地区，他所考察的主要是陡峭的山峰和急流险滩。今天的我们很难想象他经历了多少艰难险阻，甚至生命的危险。我们从中也可以看到，徐霞客的决心是怎样大，意志是怎样坚强。遇盗跳水脱险的事发生在他51岁时的出游中。这次出游，他计划考察湖南、湖北、广西、贵州、云南等地。出游不久，就在湘江遇到强盗，他的行李、旅费被洗劫一空，一个同伴受伤，他也险些丧命。有人劝徐霞客回去，并要资助他回乡的路费，但他却坚定顽强地向前走去。没有粮食了，他就用身上的绸巾去换竹筒米；没有旅费了，他就用身上的夹衣去换钱……徐霞客在游历过程中这种执着的冒险精神、探索精神被现代的旅行家们称为"徐霞客精神"。

徐霞客还非常注重记录，每天在跋涉之后，无论多么疲劳，无论居住的环境多么恶劣，他都坚持把自己考察的收获记录下来，为后人留下了珍贵的地理考察记录。

徐霞客在山脉、水道、地质和地貌等方面的调查和研究都取得了超越前人的成就。徐霞客对许多河流的水源进行了探索，其中以长江最为深入。长江的发源地很长时间都是个谜。战国时期的地理书《禹贡》中有"岷江导江"的说法，后人都沿用这一说法。徐霞客对此持怀疑态度。他带着这个疑问查出金沙江发源

徐霞客故居

于昆仑山南麓，比岷江长一千多里，徐霞客通过亲身的考察，论证了金沙江是长江的源头。

徐霞客认真地观察河水流经地带的地形，看到了水流对所经地带的侵蚀，认识到水在河岸凹处的侵蚀作用。他还注意到植物与环境的关系，观察在不同的地形、气温、风速条件下，植物生态和种属的不同情况，认识到地面高度和地球纬度对气候和生态的影响。而徐霞客对地理学最突出的贡献是他对石灰岩地貌的考察。他在湖南、广西、贵州和云南详细考察了一百多个石灰岩洞，对各地不同的石灰岩地貌做了详细的描述、记载和研究。没有先进的仪器和设备，他全凭目测步量，但他的考察十分科学，留下了很多有方向、高度、宽度和深度的具体记载。

《徐霞客游记》是系统考察祖国地貌地质的地理名著，又是描绘华夏风景资源的旅游巨篇，还是文字优美的文学佳作。《徐霞客游记》被誉为"世间真文字、大文字、奇文字"，它生动传神地描绘了涉及今天大半个中国的众多山水名胜、奇观异景乃至风俗民情、社会生活等，给后人留下了极为宝贵的文化财富，在旅游学、地学、文学、文化、经济、动植物、生态、政治、社会、宗教等方面都具有重要的价值。

16 亚里士多德善于观察 成为百科全书式科学家

亚里士多德，古希腊人，世界古代史上伟大的哲学家、科学家、教育家之一。

公元前320年的雅典城郊外，常常可以看到一位老人身边跟随着十多位青年，他们或是在树林中逍遥自在地漫步交谈，或是坐在山谷溪旁的大石块上，热烈地讨论着一些问题。

"老师，您给我们讲讲'三段论'大前提、小前提、结论吧。"

老人捋了捋胡须，缓缓地说："我们希腊人有个很有趣的谚语：如果你的钱包在你的口袋里，而你的钱又在你的钱包里，那么，你的钱肯定在你的口袋里，这就是一个完整的'三段论'。"

雅典人都知道，那是亚里士多德在给他的学生们上课呢。

亚里士多德出生在希腊北部一个叫斯塔吉拉的小城，父亲是马其顿国王的宫廷医生。亚里士多德18岁进入柏拉图学园，在那里学习了20年，直到柏拉图去世才离开。亚里士多德是柏拉图的学生，但他抛弃了老师的唯心主义观点。他表示：我爱我师，我更爱真理。

亚里士多德从公元前343年起给当时的马其顿王国太子亚历山大当老师。亚历山大继承王位后，亚里士多德来到雅典办学，学校叫作吕克昂校园。在学园里，有当时一流的图书馆和动植物园等。亚里士多德非常重视教学方法，反对刻板的教学方式，他经常带着学生在学园的林荫大道上，一边散步一边讨论哲理。

亚里士多德经常和学生们在一起探讨人生哲学。有一次，一位学生问亚里士多德：为什么心怀嫉妒的人总是有低落且非常沮丧的情绪呢？亚里士多德思索了一会儿后，回答道："心怀嫉妒的人不但要承受自己的失败和挫折，同时还承担着别人的成功，有如此双重的负担，所以他当然总是很不开心啦。"

亚里士多德具有很敏锐的观察力，不懂就问，善于思索，并善于进行总结和归纳。

"没有一个动物同时拥有长牙和角。""反刍动物有一种多重胃，但是牙齿不锋利。"这些现象是亚里士多德经过长期的观察、思考，并经过归纳、总结说出来的。对于观察的结果，他还要问为什么并且找出答案。为什么"没有一个动物同时拥有长牙和角"呢？亚里士多德的回答是："野兽有了长牙可以保护自己，何必再长角呢！"为什么"反刍动物有一种多重胃，但是牙齿不锋利"呢？亚里士多德的回答是："正因为它们的牙齿不锋利，才要靠多重胃来帮助消化。在自然界中，都是某一部分功能有缺陷，就会有另一部分加以补偿。"

亚里士多德根据他的解剖观察，指出"鲸鱼是胎生的，不像产卵的鱼类"。他还发现"长毛的四足动物胎生，有硬鳞甲的四足动物卵生"。亚里士多德曾很详细地观察了鸡蛋孵成小鸡时胚胎的发育过程。他曾解剖过至少50种不同类型的动物，弄清了各种动物的内部构造。如果不是宗教不允许解剖人的尸体的话，亚里士多德也许会在那时候就研究人体的内部构造了。亚里士多德把约540种动物按照它们的形状分为11大类，写入他的生物学著作。这是人类第一次对动物进行详细的分类。

亚里士多德一生勤奋治学，是一位百科全书式的科学家，对几乎每个学科都做出了贡献。他写了上千部著作，内容涉及20多个学科。他的著作包含三个方面：一是前人的知识积累，二是助手们为他所作的调查与发现，三是他自己独立的见解。亚里士多德认为："人生最终价值在于觉醒和思考的能力，而不只在于生存。"亚里士多德集古代知识于一身，他的著作是古代的百科全书。恩格斯称他是"最博学的人"。他的思想对人类产生了深远的影响。

17 欧几里得牢记柏拉图学派 严谨求实的传统

欧几里得，出生于雅典，古希腊数学家，欧氏几何学开创者。

欧几里得出生于雅典，是希腊亚历山大大学的数学教授。著名的古希腊学者阿基米德是他"学生的学生"。当时雅典就是古希腊文明的中心。浓郁的文化气氛深深地感染了欧几里得，当他还是个十几岁的少年时，就迫不及待地想进入柏拉图学园学习。

有一天，一群年轻人来到位于雅典城郊林荫中的柏拉图学园。柏拉图学园是柏拉图40岁时创办的一所以讲授数学为主要内容的学校。在学园里，师生之间的教学完全通过对话的形式进行。只见学园的大门紧闭着，门口挂着一块木牌，上面写着："不懂几何者，不得入内！"这是当年柏拉图亲自立下的规矩，为的是让学生们知道他对数学的重视，然而却把前来求教的年轻人弄糊涂了。有人想，正是因为我不懂数学，才要来这儿求教的呀。正在人们面面相觑的时候，欧几里得从人群中走了出来，只见他整了整衣冠，看了看那块牌子，然后果断地推开了学园大门，走了进去。欧几里得在有幸进入学园之后，便全身心地沉潜在数学王国里。他潜心求索，以继承柏拉图的学术为奋斗目标，除此之外，他哪儿也不去，整天翻阅和研究柏拉图的所有著作和手稿，柏拉图的亲传弟子也没有谁能像他那样熟悉柏拉图的学术思想、数学理论。经过对柏拉图思想的深入探究，欧几里得得出结论：所有一切现象的逻辑规律都体现在图形之中。并沿着柏拉图当年走过的道路，把几何学的研究作为自己的主要任务。

最早的几何学兴起于公元前7世纪的古埃及，后经古希腊等人传到古希腊的都城，又借毕达哥拉斯学派系统奠基。在欧几里得以前，人们已经积累了许多几何学的知识，然而这些知识缺乏系统性，大多数是片段、零碎的知识，公理与公理之间、证明与证明之间并没有什么很强的联系性，更不要说对公式和定理进行严格的逻辑论证和说明。欧几里得通过早期对柏拉图数学思想，尤其是几何学理论系统而周详的研究，敏锐地察觉到了几何学理论的发展趋势。他下定决心，要在有生之年完成这一工作。为了完成这一重任，欧几里得不辞辛苦，长途跋涉，从爱琴海边的雅典古城，来到尼罗河流域的埃及新埠亚历山大城，为的就是在这座新兴的，但文化蕴藏丰富的异域城市实现自己的初衷。在此地的无数个日日夜夜里，他一边在图书馆收集以往的数学专著和手稿，向有关学者请教，一边著书立说，终于在公元前300年写出传世之作《几何原本》一书。

欧几里得不仅是一位学识渊博的数学家，同时还是一位有"温和仁慈的蔼然长者"之称的教育家。在著书育人过程中，他始终牢记着柏拉图学派自古承

历史悠久的亚历山大城图书馆（童之侠拍摄）

袭的严谨、求实的传统学风。他对待学生既和蔼又严格。对于那些有志于穷尽数学奥秘的学生，他总是循循善诱地予以启发和教育，而对于那些急功近利、在学习上不肯刻苦钻研的人则毫不客气地予以批评。当时亚历山大国王托勒密一世也想赶时髦，学点几何学。虽然这国王见多识广，但欧氏几何却令他学得吃力。于是，他问欧几里得："学习几何学有没有什么捷径可走？"欧几里得笑道："抱歉，陛下！学习数学和学习一切科学一样，是没有什么捷径可走的。学习数学，人人都得独立思考，就像种庄稼一样，不耕耘是不会有收获的。在这一方面，国王和普通老百姓是一样的。"从此，"在科学里，没有专为国王铺设的大道"这句话成为千古传诵的名言。

小贴士

　　亚历山大图书馆是世界上最古老的图书馆之一。该图书馆始建于公元前3世纪，可惜这座举世闻名的古代文化中心，在3世纪末被战火吞没。今天的亚历山大图书馆矗立在托勒密王朝时期图书馆的旧址上，俯瞰地中海的海斯尔赛湾。主体建筑为圆柱体，顶部是半圆形穹顶，会议厅是金字塔形。圆柱、金字塔和穹顶的巧妙结合浑然天成，多姿多彩的几何形状勾勒出该馆的悠久历史。主体建筑像是一轮斜阳，象征着普照世界的文化之光。在外围的花岗岩质地的文化墙上，镌刻着包括汉字在内的世界上50种最古老语言的文字、字母和符号，凸显了文明蕴藏与文化氛围的构思和创意。

　　《几何原本》是一部集前人思想和欧几里得个人创造性于一体的不朽之作，是一部在科学史上千古流芳的巨著。它不仅保存了许多古希腊早期的几何学理论，而且通过欧几里得开创性的系统整理和完整阐述，使这些远古的数学思想发扬光大。它开创了古典数论的研究，在一系列公理、定义、公设的基础上，创立了欧几里得几何学体系，成为用公理化方法建立起来的数学演绎体系的最早典范。

学识非常渊博的
古希腊科学家阿基米德 **18**

阿基米德，古希腊数学家、物理学家、天文学家。

阿基米德出生于希腊西西里岛的一个贵族家庭，父亲学识渊博。受家庭影响，阿基米德从小就对数学、天文学特别是古希腊的几何学产生了浓厚的兴趣。公元前267年，阿基米德11岁时，被父亲送到埃及的亚历山大城学习。亚历山大城位于尼罗河口，是当时世界的知识、文化贸易中心，学者云集，人才荟萃，被世人誉为"智慧之都"，文学、数学、天文学、医学都很发达。阿基米德在亚历山大跟随过许多著名的数学家学习，包括几何学大师欧几里得。阿基米德在这里学习和生活了许多年，他兼收并蓄了东方和古希腊的优秀文化遗产。这对他以后的科学生涯有重大的影响，奠定了他日后从事科学研究的基础。

阿基米德设计制造了许多仪器和机械，有举重滑轮、灌地机等。当时的欧洲在工程和日常生活中，经常使用一些简单机械，如螺丝、滑车、杠杆、齿轮等。阿基米德花了许多时间去研究，终于发现了"杠杆原理"。对于经常使用工具制作机械的阿基米德而言，将理论运用到实际生活中是轻而易举的。有一次，国王造了一艘船，因为太大太重，船做好后无法下海，国王就对阿基米德说："你连地球都举得起来，把一艘船放进海里应该没问题吧？"阿基米德请工匠在船的前后左右安装了一套设计精巧的滑车和杠杆，然后国王只需牵动一根绳子，大船居然就慢慢地滑到了海中。阿基米德还因为看到农民提水浇地相当费力，经过仔细思考之后，发明了一种利用螺旋作用在水管里旋转而把水吸上来的工具，后世的人们把它叫作"阿基米德螺旋提水器"。这个工具成了后来螺旋推进器的先祖。

阿基米德年老的时候，叙拉古和罗马帝国之间发生战争。罗马军队的最高统帅马塞拉斯率领罗马军队包围了他居住的城市。阿基米德虽不赞成战争，但又不得不保卫自己的祖国。眼见国土危急，护国的责任感促使阿基米德奋起抗敌，他绞尽脑汁，努力发明御敌武器。阿基米德利用杠杆原理制造了一种叫石弩的抛石机，能把大石块投向罗马军队的战舰，或者使用发射机把矛和石块射向罗马士兵，凡是靠近城墙的敌人，都难逃他的飞石或标枪……阿基米德还发明了多种武器，来阻挡罗马军队的前进。根据一些年代较晚的记载，当时他设计制造了巨大的起重机，可以将敌人的战舰吊到半空中，然后重重地摔下使战舰在水面上摔得粉碎。

阿基米德曾经在河边散步思考的尼罗河（童之侠拍摄）

有一次，叙拉古城遭到了罗马军队的偷袭，而叙拉古城的青壮年和士兵们都上前线去了，城里只剩下了老人、妇女和孩子。就在这万分危急的时刻，阿基米德为了自己的祖国站了出来。阿基米德让妇女和孩子们都拿出自己家中的镜子一齐来到海岸边，让镜子把强烈的阳光反射到敌舰的主帆上，千百面镜子的反光聚集在船帆的一点上，船帆燃烧起来了，火势趁着风力，越烧越旺，罗马人不知底细，以为阿基米德又发明了什么新武器，就狼狈地逃跑了。

在数学上阿基米德也有很大的成就，特别是在几何学方面。阿基米德将欧几里得提出的趋近观念做了有效的运用。他利用"逼近法"算出球面积、球体积、抛物线、椭圆面积，后世的数学家依据这样的"逼近法"发展成"微积分"。阿基米德还求得圆周率的值介于223/71和22/7之间。另外，他算出球的表面积是其内接最大圆面积的四倍，又导出圆柱内切球体的体积是圆柱体积的三分之二。

公元前212年，古罗马军队入侵叙拉古。罗马士兵闯入阿基米德的住宅，看见一位老人在埋头做几何图形，阿基米德对士兵说："你们等一等再杀我，我不能给世人留下不完整的公式！"可是，还没等他说完，士兵就杀害了他。阿基米德的遗体安葬在西西里岛，墓碑上刻着一个圆柱内切球的图形，以纪念他在几何学上的卓越贡献。

19 意大利航海家哥伦布发现美洲新大陆

克里斯托弗·哥伦布（约1451—1506），探险家、航海家。

15世纪50年代初哥伦布生于热那亚。热那亚位于意大利西北部，历史悠久，曾是海洋霸主热那亚共和国的首都。哥伦布在青年时代没有受到过多少正规教育。他的父亲是一个著名的纺织匠，但哥伦布对航海和来往于地中海之上的商船产生了浓厚的兴趣。在他的日记中有这样一段话："我自年轻的时候出海以来，至今还不曾离开海上的生活。这种职业，似乎使所有干这一行的人，都产生了一种想知道世界奥秘的心情。"

哥伦布一生从事航海活动，先后移居葡萄牙和西班牙。他相信地圆说，认为从欧洲西航可达东方的中国和印度。为了印证他的想法，他先后向西班牙、葡萄牙、英国、法国等国的国王寻求协助，以实现出海西行至中国和印度的计划。哥伦布在到处游说了十几年后，终于得到西班牙王室的资助。

1492年，经过多年的挫折，哥伦布的计划终于被采纳了。8月初，出海的一切已准备就绪。一支将在大洋上航行的船队停泊在西班牙西南的一个小海港中。它包括哥伦布的旗舰"圣玛利亚"号和两艘轻快帆船"平塔"号和"尼娜"号。三艘船大小各不相同，在船上装有大炮、用于与土著居民做交易的物品及可供船员食用6个月的食品。旗舰"圣玛利亚"号，重约130吨，有3根桅杆，并备有角帆，由哥伦布任船长。第二艘是"平塔"号，船长是马丁·宾森，第三艘"尼娜"号，船长是马丁的兄弟维森特·宾森。最困难的工作是招募水手，队员中有一部分是哥伦布的朋友、仆人，也有好奇的官员们，还有一部分是以这次航行为条件特赦的犯人。

哥伦布率领船队起锚出海了。那时没有风，船帆无力地悬垂着，船队缓缓地趁着落潮沿着廷托河驶出。8月中旬，船队驶到了位于非洲近海的加那利群岛。补充了木柴和供应品之后，9月初，船队乘着加那利群岛附近常起的东北风朝正西方继续航行。

船队顺着偏东风日夜不停地向西航行，有时一昼夜可以航行150英里（1英里=1.609km）。可是日复一日，展现在人们面前的总是那一望无际的海面。船队在大洋上漂泊，看不见陆地的影子，海员开始抱怨，他们说这次远航是一种愚蠢的航行，有几个海员威胁要把哥伦布扔到大海里后返航回去。

毫不动摇的哥伦布坚持要继续向西航行。1492年10月，他们看到一种小鸟越过头顶向西南方飞去。这时正值大批候鸟从北美飞向加勒比海岛群和南美过冬的迁徙高潮。哥伦布就以候鸟为航标率领整个船队朝西偏西南方继续航进。

在海浪汹涌的夜间，船队颠簸在月光闪烁下的浪头上。各船船长都凝神搜索着西边远处的洋面。在静谧的星光下，船队继续向前航行。一天上午，"平塔"号的一个船员高呼道："陆地！陆地！"这次他们的确发现了陆地，那些在月光中闪现出灰白色调的砂石构成了崖岸。这是在佛罗里达外缘成弧形展开的巴哈马群岛中的一个海岛。这个后来被哥伦布命名为"圣萨尔瓦多"的岛上到处生长着绿油油的热带树木。哥伦布宣布这里已成为西班牙的国土，哥伦布以为是到了东印度群岛，他把当地土著居民称作印第安人。这样的称呼一直沿用至今。实际上，他们当时见到的这些人是散居于南美北岸诸海岛上的阿拉瓦克人。

哥伦布同这些土著居民做了交易，以红帽子、玻璃珠之类的小物品换得了黄金制成的饰物、棉纱和鹦鹉等。后来哥伦布描写这些居民时说道："他们不懂得铁

水上之国意大利的风光（童之侠拍摄）

当代国际邮轮里的哥伦布巨幅画像（童之侠拍摄）

的武器可以伤人，当我把剑拿给他们看时，他们抓住了剑刃，因无知而伤了手指。"船员们在圣萨尔瓦多停留了两天，用一些廉价的装饰品从印第安人那里换来了食物和淡水。哥伦布他们依靠手势从当地人那里得知，南边有一个拥有大量黄金的国王，且在南边和西边还有许多这样的海岛。抓了6个当地人当翻译和向导之后，船队又朝西南方行进了约两个多星期。在途中，他们又发现了一些新的海岛，并且在这一带首次尝到了白薯、玉米和木薯，令他们赞赏的还有印第安人奇特的睡铺——网状吊床。

友好的当地居民将一件嵌金的精绣棉布作为礼物送给了哥伦布，这是东边几英里外的一个酋长送来的，哥伦布决定回访。途中"圣玛利亚"号不幸触礁。哥伦布留下约40人开采金矿，带着从岛上弄到的各种特产、大量的黄金以及6个印第安人作为这次发现的证物，于1493年1月起锚开始了返回西班牙的漫长航程。两天后，哥伦布的"尼娜"号和贴岸向西航行的"平塔"号会合。两只探险船无畏地驶向茫茫大西洋。两星期后，伊斯帕尼奥拉的群山就再也看不到了。归航的旅途同样经历了惊涛骇浪和狂猛的风暴，在亚速尔群岛附近，两艘船又被巨大的风浪冲散了。1493年3月，历尽坎坷的"尼娜"号终于到达了帕洛斯港，"平塔"号在几个小时后也进了港，完成了第一次远航。

欧洲文艺复兴时期的卓越天才达·芬奇 **20**

列昂纳多·达·芬奇（1452—1519）是意大利画家和科学家，意大利文艺复兴三杰之一。

达·芬奇出生在当时佛罗伦萨共和国的领地，父亲是法律公证员，母亲是农妇。达·芬奇从小爱好文学、音乐、数学等课程，在音乐方面，达·芬奇善吹笛子，能创作，不仅作词，还会作曲，还自制乐器，又有一副好嗓子，还能弹奏风琴，能自弹自唱。

儿童时代的达·芬奇喜欢大自然的景色，经常攀登悬崖。上小学时，他各门功课的成绩都很优异，课上他提出的一些问题，经常使老师感到棘手。课余时间，他的爱好是绘画。邻居们都亲切地称他为"小画家"。达·芬奇5岁时能凭记忆在沙滩上画出母亲的肖像。有时，他独自一人坐在草丛中，用心地观看五彩缤纷的花草树木，饶有兴趣地描绘着那些花瓣和树叶的形状。他喜欢钻山洞，进去探索里边的秘密。他每次从山洞走出来时，总要捉几个小动物出来，带回家里，仔细地观看，并且按照小动物的样子进行绘画。有一天，邻村一位农民拿着一块木板交给了他父亲，说："请你家的小画家在上面画些东西。"画什么呢？达·芬奇想来想去，就将自己最熟悉的小动物画了上去。画成后，他拿去给父亲看。父亲看到上面画的有蛇、蝙蝠、蝴蝶、蚱蜢……数量很多，而且结构合理，形象非常逼真。在他14岁那年，父亲把他送到了当时的欧洲艺术中心佛罗伦萨，在著名画家和雕塑家韦罗基奥那里当学徒。

在这里，他废寝忘食地训练绘画基本功，学习艺术与科学知识，为他以后在绘画和其他方面取得卓著成就打下了坚实的基础。在10年的时间里，达·芬奇研究了人体结构，画下了许多肌肉、肌腱的解剖图，涉及解剖对于绘画和雕塑的应用。除人体外，达·芬奇也解剖了牛、禽、猴、熊、蛙作为结构比较。达·芬奇对飞行现象很着迷，做了鸟类飞行的详细研究，还尝试过制造飞行机器，他的手稿中包括直升机设计图以及轻型滑翔翼图。

最初，人们学习知识只相信文字记载。达·芬奇鼓励人们向大自然学习，到自然界中寻求知识和真理。他认为知识起源于实践，应该从实践出发，通过实践去探索科学的奥秘。达·芬奇的实验工作方法为后来哥白尼、伽利略、开普勒、牛顿、爱因斯坦等人的发明创造开辟了道路。

达·芬奇研究过许多力学问题。在流体力学方面，他总结出河水的流速同河道宽度成反比，并用这一结论说明血液在血管中的流动。他还运用力学和机械原理设计了许多机器和器械，参加了运河、水利和建筑工程的设计和施工。达·芬奇对机械装置也非常痴迷，设计了水下呼吸装置、拉动装置、发条传动装置、滚珠装置、反向螺旋、风速计和陀螺仪等奇妙的装置。达·芬奇将无数的奇思妙想呈现在世人面前。他在手稿中绘制了机器人，赋予了这个机器人木头、皮革和金属的外壳。机器人可以坐，可以站，而且通过两个机械杆的齿轮与胸部的一个圆盘齿轮咬合，机器人的胳膊就可以挥舞。在达·芬奇的脑海中，早就有了机动车的影子，点燃现代机动车发明灵感之火的就是一辆"达·芬奇机械车"。此外，达·芬奇还曾设计发明过乐器、闹钟、自行车、照相机、温度计、烤肉机、纺织机、起重机、挖掘机等，这些如果在当时发表，可以让世界科学文明进程提前100年。

达·芬奇还是近代生理解剖学的始祖。他发现了血液的功能，认为血液对人体起着新陈代谢的作用，并认为血液是不断循环的。他说血液不断地改造全身，把养料带到身体需要的各个部分，再把体内的废物带走。达·芬奇研究过心脏，他发现心脏有四个腔，并画出了心脏瓣膜。在建筑方面，达·芬奇设计过桥梁、教堂、城市街道和城市建筑。在城市街道设计中，他将车马道和人行道分开。设计城市建筑时，具体规定了房屋的高度和街道的宽度。米兰的护城河就是他设计和监工建造而成的。达·芬奇的研究和发明还涉及了军事领域。他发明了簧轮枪、子母弹、三管大炮、坦克车、浮动雪鞋、潜水服及潜水艇、双层船壳战舰、滑翔机、扑翼飞机和直升机、旋转浮桥等。

达·芬奇对水利学也有研究。为了排除泥沙，他做了疏通亚诺河的施工计划。他设计并亲自主持修建了米兰至帕维亚的运河灌溉工程。由他经手建造的一些水库、水闸、拦水坝便利了农田灌溉，推动了农业生产的发展。有些水利设施至今仍在发挥作用。

在照相机发明之前，绘画是自然的唯一模仿者。绘画作品有两个作用：第一是传播知识；第二是让人能欣赏到美。达·芬奇是人类历史上第一个意识到绘画的这两项作用的人。达·芬奇认为"绘画是一门科学"，画家不仅依靠感官去认识世界，而且要运用理性去揭露自然界的规律。人类的各类表达手段，例如语言、文字、音响、摄影等等，都能够既表现艺术性的内容又表现科学性的内容，只是程度不同而已，绘画当然也不例外。达·芬奇的绘画论，把他那个时代里和绘画有关的问题几乎统统讨论到了。达·芬奇的艺术作品不仅能像镜子似的反映事物，而且还以思考指导创作，从自然界中观察和选择美的部分加以表现。

1516年法兰西国王弗朗索瓦一世邀请达·芬奇到法国昂布瓦斯城堡的克鲁克斯庄园，并经常去请教。达·芬奇晚年潜心科学研究，去世时留下大量笔记手稿，内容从物理、数学到生物解剖，几乎无所不包。达·芬奇长达一万多页的手稿，现存6000多页，被称为一部15世纪科学技术真正的百科全书。他左右手均能书写作画，他的很多手稿都是左手反写出来的，后人借助镜子才可以识别。他一生完成的绘画作品并不多，但件件都是不朽之作。其作品善于将艺术创作和科学探讨结合起来，这在世界美术史上是独一无二的。恩格斯称达·芬奇是巨人中的巨人。文艺复兴时期的传记作家瓦萨里对达·芬奇的评价是"上天有时将美丽、优雅、才能赋予一人之身，他的优雅与优美无与伦比，他的才智之高可使一切难题迎刃而解。"他是文艺复兴时代伟大的艺术革新家，是历史上罕见的学识最渊博的巨人。

芬奇的作品《蒙娜丽莎》是卢浮宫的三件镇馆之一（童之侠拍摄）

21 业余的天文学家 哥白尼提出了日心说

哥白尼（1473—1543），波兰天文学家、数学家，提出了日心说。

尼古拉·哥白尼出生于波兰维斯瓦河畔的托伦市的一个富裕家庭。他的父亲是个当议员的富商，他有一个哥哥和两个姐姐。哥白尼10岁的时候，他的父亲死了，他被送到舅舅务卡施大主教家中抚养。哥白尼18岁时就读于波兰旧都的克拉科夫大学，在学医期间对天文学产生了兴趣。

1496年，23岁的哥白尼来到文艺复兴的策源地意大利，在博洛尼亚大学和帕多瓦大学攻读法律、医学和神学。哥白尼作为一名医生，由于医术高明而被人们誉为"神医"。哥白尼的大部分时间是在大教堂当一名教士。哥白尼并不是一位职业天文学家，他的成名巨著是在业余时间完成的。

在中世纪的欧洲，"地心说"一直居于统治地位，人们认为地球是静止不动的，其他的星体都围着地球这一宇宙中心旋转。这个学说的提出与基督教《圣经》中关于天堂、人间、地狱的说法刚好互相吻合，处于统治地位的教廷便竭力支持"地心说"，把"地心说"和上帝创造世界融为一体。随着天文观测的精确度提高，人们逐渐发现了地心学说的破绽。在这种历史背景下，哥白尼的"日心说"应运而生了。

哥白尼的观测工作在他大学时期就开始了，他曾利用学校的"捕星器"和"三弧仪"观测过月食，研究过浩瀚无边的星空。哥白尼钻研过托勒密的著作。他看出了托勒密的错误结论和科学方法之间的矛盾。哥白尼正是发现了托勒密的错误根源，才找到了真理。哥白尼认识到，天文学的发展道路，就要发现宇宙结构的新学说。

哥白尼在克拉科夫大学学习三年就停了学，为了取得出国的路费和长期留学的生活费用，他再次接受他舅父的安排，到意大利北部的波伦亚大学学习教会法，同时钻研天文学。在这里，他结识了当时知名的天文学家玛利亚，同他一起研究月球理论。他开始用实际观测来揭露托勒密学说和客观现象之间的矛盾。他发现托勒密对月球运行的解释会得出一个荒谬的结论：月亮的体积时而膨胀，时而收缩，满月是膨胀的结果，新月是收缩的结果。

1497年3月9日，哥白尼和玛利亚一起进行了一次著名的观测。那天晚上，夜色清朗，繁星闪烁，一弯新月浮游太空。他们站在圣约瑟夫教堂的塔楼上，观测"金牛座"的亮星"毕宿五"，看它怎样被逐渐移近的月亮所淹没。当"毕宿五"和月亮相接而还有一些缝隙的时候，"毕宿五"很快就隐没起来了。他们精确地测定了"毕宿五"隐没的时间，计算出非常准确的数据，证明那一些缝隙都是月亮亏食的部分，"毕宿五"是被月亮本身的阴影所隐没的，月球的体积并没有缩小，哥白尼把托勒密的"地心说"打开了一个缺口。

1500年，哥白尼由于经济困难到罗马去担任数学教师。第二年夏天，哥白尼回国，后因取得教会的资助，秋天又到意大利的帕都亚学医。这期间，哥白尼努力研读古代的典籍，目的是为"太阳中心学说"寻求参考资料。他几乎读遍了能够弄到手的各种文献。后来他写道："我愈是在自己的工作中寻求帮助，就愈是把时间花在那些创立这门学科的人身上。我愿意把我的发现和他们的发现结成一个整体。"他在钻研古代典籍的时候，曾抄下这样一些大胆的见解："天空、太阳、月亮、星星以及天上所有的东西都站着不动，除了地球以外，宇宙间没有什么东西在动。地球以巨大的速度绕轴旋转，这就引起一种感觉，仿佛地球静止不动，而天空却在转动。""在行星的中心是巨大而威严的太阳，它不但是时间的主宰，是地球的主宰，而且是群星和天空的主宰。"这些见解在当时被认为是"离经叛道"的，对哥白尼来说，却是夜航中的灯塔，照亮了他前进的方向。1506年，哥白尼结束了在意大利的留学生活，动身回国。

哥白尼经过长达2年的观察和计算终于完成了他的伟大著作《天体运行论》。他在《天体运行论》中观测计算所得数值的精确度是惊人的，但是直到他在临近古稀之年才终于决定将它出版。1543年5月24日，垂危的哥白尼在病榻上收到出版商从纽伦堡寄来的《天体运行论》样书，他摸了摸书的封面便与世长辞了。

22 伽利略家贫退学后
坚持自学终成才

伽利略·伽利雷（1564—1642），
意大利数学家、物理学家、天文学家，
科学革命的先驱。

伽利略出生于意大利比萨一个没落的贵族家庭。伽利略家族姓伽利雷，但现已通行称呼他的名。他1572年开始上学。1575年，随全家迁居佛罗伦萨，进入修道院学习。伽利略自幼受父亲的影响，对音乐、诗歌、绘画以及机械兴趣极浓，不迷信权威。1581年，伽利略17岁时进入比萨大学学医，但他感兴趣的是数学、物理和仪器制造，他喜欢在课外听几何学和阿基米德静力学。

伽利略生活的时代，正是欧洲历史上著名的文艺复兴时代，意大利是文艺复兴的发源地。许多大城市如佛罗伦萨、热那亚和威尼斯，发展成东西方贸易的中心，建起了商号、手工作坊和最早的银行。贸易往来发达，以及印刷术的普及，使新思想的传播比以往任何时候都更加迅速，人们对千百年来束缚思想的宗教神学和传统教条开始产生动摇。1583年，在比萨教堂里伽利略注意到一盏悬灯的摆动，随后用线悬铜球做模拟单摆实验，确证了微小摆动的等时性以及摆长对周期的影响，由此创制出脉搏计用来测量短时间间隔。

1585年，伽利略因家贫退学，担任家庭教师之余，仍奋力自学，并专心研究古代希腊人的科学著作。他发明了测定合金成分的流体静力学天平。1586年写出论文《天平》。这项成就引起全国学术界的注意，人们称他为"当代的阿基米德"。1589年，他写了一篇论固体的重心的论文，获得新的荣誉，年仅25岁的伽利略被比萨大学聘为数学教授，讲授几何学和天文学。1592年伽利略转到帕多瓦大学任教。帕多瓦属于威尼斯公国，远离罗马，不受教廷直接控制，学术思想比较自由。在此良好气氛中，伽利略经常参加校内外各种学术文化活动，与具有各种思想观点的同事论辩。此时他经常考察工厂、作坊、矿井和各项军用民用工程，广泛结交各行各业的技术员工，帮他们解决技术难题，从中吸取生产技术知识和各种新经验，并得到启发。在此时期，他深入而系统地研究了落体运动、抛射体运动、静力学、水力学以及一些土木建筑和军事建筑等，发现了惯性原理，研制了温度计和望远镜。伽利略对物体的自由下落运动做了细致的观察，1589年他在比萨斜塔上用实验否定了统治两千年的"重物比轻物下落快"的观点，指出如忽略空气阻力，重量不同的物体在同时下落时会同时落地，物体下落的速度和重量无关。

伽利略在力学方面的贡献是多方面的。除动力学外，还有不少关于材料力学的内容。他还对梁弯曲理论用于实践所应注意的问题进行了分析，指出工程结构的尺寸不能过大，因为它们会在自身重量作用下发生破坏。他根据实验得出，动物形体尺寸减小时，躯体的强度并不按比例减小。他还把这种关系用来说明为什么体格大的动物在负担自身重量方面不如体格小的动物，他写道："一只小狗也许可以在它的背上驮两三只小狗，但我相信一匹马也许连一匹和它同样大小的马也驮不起。"

伽利略倡导数学与实验相结合的研究方法。这种研究方法是他在科学上取得伟大成就的源

伽利略做物体自由下落实验的比萨斜塔（童之侠拍摄）

泉，也是他对近代科学的最重要贡献。实验和观测离不开测量仪器。伽利略就自己设计制造仪器。除了望远镜外，他设计和制造的仪器有流体静力秤、比例规、温度计、摆式脉搏计等。1624年，他研制成了一台显微镜，据说"可将苍蝇放大成母鸡那么大"。伽利略是利用望远镜观测天体取得大量成果的第一位科学家。1609年，伽利略创制了天文望远镜，用来观测天体，发现许多前所未知的天文现象。他发现所见恒星的数目随着望远镜倍率的增大而增加；银河是由无数单个的恒星组成的；月球表面有崎岖不平的现象。他还发现太阳黑子，并且认为黑子是日面上的现象。由黑子在日面上的自转周期，他得出太阳的自转周期为28天，非常接近实际上的27.35天。伽利略的这些发现开辟了天文学的新时代。

1597年，他收到开普勒赠阅的《神秘的宇宙》一书，开始相信"日心说"，承认地球有公转和自转两种运动。他在威尼斯做过几次科普演讲，宣传哥白尼学说。在当时的社会条件下，伽利略为争取不受权势和旧传统压制的学术自由，为近代科学的生长，进行了坚持不懈的斗争，并向世界发出了振聋发聩的声音。他是科学革命的先驱，被称为"近代科学之父"。伽利略敢于向传统的权威思想挑战，1633年罗马宗教裁判所以"反对教皇、宣扬邪学"罪名判处伽利略终生监禁。虽然他晚年被剥夺了人身自由，但他开创新科学的意志并未动摇。三百多年后，罗马教皇宣布：1633年对伽利略的宣判是不公正的。爱因斯坦说："伽利略的发现，以及他所用的科学推理方法，是人类思想史上最伟大的成就之一，标志着物理学真正的开端。"

站在巨人肩膀上的 **23**
近代物理学之父牛顿

牛顿是英国著名的物理学家和数学家，在力学，光学、天文学、数学方面有许多贡献。

艾萨克·牛顿（1643—1727）发现了万有引力定律和光的色散，总结概括出了著名的牛顿运动三定律，奠定了经典物理学的基础，被誉为"近代物理学之父"。他诞生在英格兰林肯郡的一个农民家庭里。他是一个早产儿，出生时只有3磅（约1.36千克重）。他母亲说，牛顿刚出生时小得可以把他装进一夸脱（1英制夸脱＝1136毫升）的马克杯中。谁也没有料到这个瘦弱的婴儿后来会成为了一位科学巨人，并且活到了80多岁的高龄。

牛顿出生前三个月父亲就去世了。在他两岁时，母亲改嫁。从此牛顿便由外祖母抚养。从5岁开始，牛顿被送到公立学校读书。11岁时，母亲的后夫去世，牛顿才得以回到母亲身边。12岁时他进入中学。少年时的牛顿成绩一般，但他喜欢读书，喜欢看一些介绍各种简单机械模型制作方法的读物，并从中受到启发，自己动手制作些奇怪的小玩意，如风车、木钟、折叠式提灯等等。有一次，药剂师的房子附近建造风车，小牛顿把风车的机械原理摸透后，自己也制造了一架小风车。

随着年岁的增大，牛顿越发爱好读书，喜欢沉思，做科学实验。然而迫于生活困难，母亲让牛顿休学在家务农，赡养家庭。但牛顿一有机会便埋头读书，经常忘了干活。母亲叫他同佣人一道去市场买卖东西时，他便求佣人一个人上街，自己则躲起来看书。有一次，牛顿的舅舅起了疑心，就一直跟踪他们到市镇，终于发现去市场的只有佣人，而他的外甥则躲在草地上，聚精会神地钻研数学问题。牛顿的好学精神感动了舅舅，于是舅舅劝服了牛顿母亲让牛顿复学，并鼓励牛顿上大学读书。牛顿又重新回到了学校，如饥似渴地汲取着书本上的营养。

　　牛顿19岁时进入剑桥大学，成为三一学院的减费生，靠为学院做杂务的收入支付学费。在这里，牛顿开始接触到大量科学著作，经常参加学院举办的各类讲座，包括地理、物理、天文和数学。牛顿的第一任教授巴罗是个博学多才的学者。这位学者独具慧眼，发现了牛顿的巨大潜力，于是将自己的数学知识全部传授给牛顿，并把牛顿引向了近代自然科学的研究领域。1664年，牛顿被选为巴罗的助手。正当牛顿准备留校继续深造时，严重的鼠疫席卷了英国，剑桥大学因此而关闭，牛顿离校返乡。家乡安静的环境使得他的思想展翅飞翔，这短暂的时光成为牛顿科学生涯中的黄金岁月，他的三大成就：微积分、万有引力、光学分析的思想就是在这时孕育成形的。1668年牛顿获得硕士学位。1669年，巴罗为了提携牛顿而辞去了教授之职，26岁的牛顿晋升为数学教授。在科学史上巴罗让贤被传为佳话。

　　牛顿非常喜欢读书，且善于思考，常常对一些很平常的现象进行深入的思考。有一天，他坐在苹果树下休息，忽然一个熟苹果掉下来，看着常人眼中平常的现象，牛顿却想到一个问题：当把球抛向空中时，它为什么不一直向上升去，而总是向下落呢？牛顿捡起苹果突然有一种奇怪的想法，是不是有一种看不见的力量在起作用，把苹果拉向地面呢？过了很久，牛顿终于解答了这个问题，这就是"万有引力"。他认为世界上每个物体都有一种看不见的力吸引着其他物体，重的物体比轻的物体吸引力大，我们生活的地球比地球上的万物都大得多、重得多，所以向上抛的所有物体最终都会落到地上，这就是地球通过万有引力作用的结果。牛顿的发现不仅可以解释地球上的物理现象，还可以解释宇宙天体间的现象。在地球之外，还有许多星球，比如太阳、月亮、火星、木星，它们也都是通过万有引力吸引在一起的，所以月亮绕着地球转，地球绕着太阳转。又是这种引力把它们固定在各自的位置上，才使得它们虽然在同一天空下运动，却不会发生碰撞。

　　微积分的创立是牛顿卓越的数学成就，并确立了这两类运算的互逆关系，从而完成了微积分发明中最关键的一步，为近代科学发展提供了最有效的工具，开辟了数学史上的一个新纪元。

在光学方面，牛顿也取得了巨大成果。他利用三棱镜将白光分解为有颜色的光，最早发现了白光的组成。他对各色光的折射率进行了精确分析，说明了色散现象的本质。牛顿的研究领域非常广泛，他在几乎每个他所涉足的科学领域都做出了重要的成绩。他研究过计温学，观测水沸腾或凝固时的固定温度，研究热物体的冷却规律，以及其他一些课题。1687年，牛顿发表的《自然哲学的数学原理》这部力学经典著作总结了他一生中许多重要发现和研究成果，阐述了万有引力和三大运动定律，奠定了此后三个世纪力学和天文学的基础，成为现代工程学的基础。

有人问牛顿为什么能在科学上做出那么多的贡献时，他说："靠的是夜以继日的思考"。牛顿读书和思考时非常专心，对其他的事就往往漠不关心了，由此闹出过许多笑话。一次，他一边读书一边煮鸡蛋，等他揭开锅准备吃鸡蛋的时候，发现锅里煮的竟是自己的怀表。还有一次，他请一位朋友吃饭，菜已摆到桌子上了，牛顿突然想到一个问题，便回到自己的书房，很久也不出来。朋友等得不耐烦，便自己吃起来，还把牛顿的那一份鸡也吃光了，骨头留在盘子里，然后不辞而别。牛顿从书房里出来到饭桌上后，看到盘子里的鸡骨头，自言自语地说："我还以为自己没有吃饭，原来已经吃过了。"于是他立即回头走进书房，伏案计算起来。

1727年牛顿去世。诗人亚历山大·波普为牛顿写下了墓志铭：自然与自然的定律，都隐藏在黑暗之中；上帝说"让牛顿来吧！"于是，一切变为光明。

牛顿的经典名言"如果说我看得远，那是因为我站在巨人的肩膀上。"显示了他的谦虚，他认为他的成就是因为有前人的成就作为基础。牛顿的另一句名言是："我不知道在别人看来，我是什么样的人；但在我自己看来，我不过就像是一个在海滨玩耍的小孩，为不时发现比寻常更为光滑的一块卵石或比寻常更为美丽的一片贝壳而沾沾自喜，而对于展现在我面前的浩瀚的真理的海洋，却全然没有发现。"牛顿清醒地意识到，在这个世界上还有无数未知的事物等待我们去探索与发现。

24 博学多才的富兰克林 从学徒工到科学家

本杰明·富兰克林（1706—1790）
美国政治家、物理学家，更是杰出的
发明家。

富兰克林的父亲原是英国漆匠，当时以制造蜡烛和肥皂为业，生了十几个孩子，富兰克林是最小的男孩。富兰克林八岁入学读书，虽然学习成绩优异，但由于他家中孩子太多，父亲的收入无法负担他读书的费用。所以，他十岁时就离开了学校，回家帮父亲做蜡烛。十二岁时，他到哥哥詹姆士经营的小印刷厂当学徒，自此他当了近十年的印刷工人。富兰克林一生只在学校读了两年书，但他的学习从未间断过，他从伙食费中省下钱来买书。他结识了几家书店的学徒，将书店的书在晚间偷偷地借来，通宵达旦地阅读，第二天清晨归还。他阅读的范围很广，从自然科学、技术方面的通俗读物到著名科学家的论文以及名作家的作品都是他阅读的范围。

1723年富兰克林到了费城，当上了印刷工，在一次前往伦敦购置印刷字模、联系业务时遇到困难，富兰克林不得不留在英国，在接下来的两年里他在生活上极其节俭，在工作中勤勉上进，同时还兼职游泳教练以增加收入。

富兰克林20岁时返回费城。在船上，他写下了自己的人生计划，决定以"节俭、诚实、勤奋和得体"作为人生的信条。1730年，富兰克林和另一名学徒一起创办了自己的印刷所，出版的费城第一份报纸，大获成功。

为了进一步打开知识宝库的大门，富兰克林在工作的同时一直孜孜不倦地学习外语，先后掌握了法文、意大利文、西班牙文及拉丁文。他广泛地接受了世界科学文化的先进成果，为自己的科学研究奠定了坚实的基础。1748年，富兰克林退出了他的印刷生意，不过他仍然能从他的合伙人手中分得印刷店可观的利润，因此他有时间进行各项发明和研究。他发现电荷分为"正""负"，而且两者数量是守恒的。

1752年6月的一天，美国费城郊区，乌云密布，电闪雷鸣。然而在一块宽阔的草地上，有一老一少两个人正兴致勃勃地在那里放风筝。突然，一道闪电劈开云层，接着一声雷响，雨点就倾泻下来了。只见老者大声喊道："威廉，站到那边的草房里去，拉紧风筝线。"这时，闪电一道亮过一道，雷鸣一声高过一声。突然威廉大叫："爸爸，快看！"老者顺着儿子指的方向一看，只见那本来是光溜溜的麻绳上面的细纤维突然一根一根都直竖起来了。老者高兴地喊道："天电引来了！"他一边嘱咐儿子小心，一边用手慢慢接近接在麻绳上的那把铜钥匙。突然他像被谁推了一把似的，跌倒在地上，浑身发麻。他顾不得疼痛，一骨碌从地上爬起来，将带来的莱顿瓶接在铜钥匙上。这莱顿瓶里果然有了电，而且还放出了电火花，原来天电和电是一样的！他和儿子如获至宝似的将莱顿瓶抱回了家。这捕获天电的人就是富兰克林和他的儿子。风筝实验之后，富兰克林写了论文，阐述了雷电的本质，还提出了制造避雷针的设想，使建筑物免遭雷击。避雷针的发明不仅可以防止闪电所招致的严重危害，同时也破除了迷信，揭示了自然力的真实性质。后来，富兰克林发明的避雷针传遍了欧洲和美洲。

富兰克林对物理学的贡献主要在电学方面，他创造的许多专用名词如正电、负电、导电体、电池、充电、放电等成为世界通用的词汇。他借用了数学上正负的概念，第一个科学地用正电、负电概念表示电荷性质，并提出了电荷不能创生，也不能消灭的思想，后人在此基础上发现了电荷守恒定律。富兰克林的研究范围极广。在热学方面，他改良的取暖炉子能节省四分之三的燃料。在光学方面，他发明了老年人用的双焦距眼镜，既能看清楚近处又能看清楚远处。他发明了摇椅、避雷针，改进了路灯。他最先解释了北极光，最先组建了消防厅，他还创立了近代的邮信制度……

另外，富兰克林对气象学也有贡献。为了替他的报章寻找新闻，他经常到农夫市场去收集消息。他发现风暴经常在某地出现，然后在别的地方也有风暴。他相信两者可能其实是同一个风暴，因此提出风暴会移动，最后衍生了日后出现的天气分析、天气图，改变了单纯依靠目测预报的方法。

富兰克林不仅是一位伟大的科学家，还是一位杰出的政治家。他是《独立宣言》的发起人之一，是美国第一任驻外大使。

美国费城风光（童之侠拍摄）

不要皮衣只要书的 25
科学家罗蒙诺索夫

米哈伊尔·瓦西里耶维奇·罗蒙诺索夫(1711—1765)，俄国百科全书式的科学家、语言学家、哲学家和诗人。

罗蒙诺索夫在许多科学领域里取得了极其辉煌的成就。他发现和创立了质量、能量不灭定律，创立了原子、分子物质结构学说、热的动力学说、气体分子运动论。1749年，他建立了俄罗斯第一个化学实验室。1755年他创建了莫斯科大学。他被誉为"俄国科学之父""文学上的彼得大帝"。罗蒙诺索夫是一个渔民的儿子，俄罗斯北部北德维纳河入海口附近的一个小岛是他的家乡。他10岁的时候，就跟着父亲出海捕鱼了。辽阔浩瀚的大海，处处使他感到新鲜神奇，他更加渴望的是在知识的天空中翱翔，他总是提出各种各样的问题："天上怎么会出现北极光呢？""为什么海水要涨潮呢？"不识字的父亲常常回答不上来。深奥莫测的大自然像磁石一样吸引着罗蒙诺索夫。他对科学产生了强烈的求知欲望，他想要揭开天地间的一切秘密。

罗蒙诺索夫小的时候，最希望得到的东西就是一本书。有一天，罗蒙诺索夫和父亲在海上捕鱼，忽然，一阵狂风，大海掀起了巨浪，船上的帆被吹落了，情况十分紧急。罗蒙诺索夫不顾一切，沿着摇晃的桅杆爬上去，很快把吹落的帆扎结实了，渔船恢复了平稳。狂风过去后，父亲把他拉到身边，笑眯眯地说："孩子，我要奖赏你，给你买件鹿皮上衣，好吗？"罗蒙诺索夫摇摇头。"那你要什么呢？""爸爸，我要买一本书。""难道一件鹿皮上衣还比不上一本书？""爸爸，我想要一本好书，什么知识都有的书。"父亲和水手们听了，都惊奇得睁圆了眼睛。

　　邻居舒布诺伊是个识字的农民，罗蒙诺索夫便跑去请他教自己识字。舒布诺伊告诉他：把一个一个字母拼起来，就能读出字音。罗蒙诺索夫高兴地练了起来。可是，开头他怎么也读不好。"读书开头的时候很难。"舒布诺伊鼓励他一定要坚持下去。罗蒙诺索夫拿出了同风暴作斗争的毅力，越难读，他越是下力气去读。终于，他能一整页一整页地读书了。罗蒙诺索夫的继母对他不好，不是叫他去干这个，就是叫他去做那个，一见他在读书，就说他偷懒，不爱干活。为了逃避继母的打扰，他常常要躲起来，忍饥挨冻，偷偷地读书。

　　不久，罗蒙诺索夫开始练习写字了。他以顽强的毅力，养成了每天都要读书和写字的好习惯。有人告诉他数学是各门科学的钥匙，于是他历尽千辛万苦，弄到了一本数学书。数学这本书里的词句很难懂，但是他反复看，反复琢磨。终于，他从这本书里学到了不少数学知识。后来，他还学到了一些物理学、几何、航海和天文学的知识。他非常向往书中所展示的科学世界，终于下定了决心到莫斯科去！然而父亲不理解儿子的想法，他说："你还要学什么呢？你想做神甫，还是想做官？"罗蒙诺索夫回答父亲说："我不想做神甫，也不想做官，我想了解这个世界的一切事情！"

　　罗蒙诺索夫正式开始学生生活时已经19岁了。那是在远离家乡几百公里的莫斯科的最好的一所学校，专门培养贵族子弟。罗蒙诺索夫为了进入这所学校，绞尽了脑汁。终于，他冒充贵族子弟进入了这所学校。老师来上课的时候，一下子就注意到了这个新来的学生。"你认识拉丁文吗？"老师问道。当老师知道他一个拉丁文也不认识的时候，便毫不客气地说："坐到最后面一排去！"原来，座位是按照学习成绩的优劣排列的。最优秀的学生才可以坐在最前排。罗蒙诺索夫听人说过，许多科学书籍都是用拉丁文写的，他便决心要学会拉丁文。第一天学拉丁文，老师已经讲一个钟头了，他还什么也没听懂。后来他费了很大的劲，才猜到了老师反复讲的那个字就是"头"的意思，他高兴极了，就像他从前开始学会拼音时所感到的快乐一样。第一天放学时，他已经认识了好几个拉丁文单词。他的同学大多十二三岁。他们讥笑他快20岁了还来学拉丁文。罗蒙诺索夫并不害怕讥笑，在他不懈的努力下，他的座位很快由最后一排提到了最前排。

　　在莫斯科学习的过程中，罗蒙诺索夫克服了许多困难。父亲以继承家产的条件诱惑他回去，又以不供给费用来威胁。罗蒙诺索夫只能靠学校的一点津贴维持学习和生活。但是这丝毫也没有动摇他的意志。罗蒙诺索夫只用半年多的时间就学完了别人三年的课程。他升到高年级的时候，已经和同班同学的年龄差不多了。罗蒙诺索夫不满足于课堂上学到的东西，他把所有的业余时间，几乎全部消耗在图书馆里。他不仅看遍了学校图书馆里所有有用的书籍，还经常到市内的图书馆去看书。他不仅掌握了拉丁文，而且阅读了大量的希腊文、波兰文、斯拉夫文、德文的书籍。1735年初，罗蒙诺索夫用五年时间修完了学校八年的课程，并取得优异成绩，被选派到彼得堡国家科学院大学深造。半年后，又被派往德国学习。

1745年罗蒙诺索夫成为圣彼得堡科学院院士和化学教授。1748年他创建了俄国第一个化学实验室。他首先采用计量的定量法用于化学实验研究，还发明了许多化学实验仪器。他用实验证明化学反应前后物质的质量相等，他也是最早应用天平来测量化学反应重量关系的化学家。经过大量的实验之后，罗蒙诺索夫得出作为化学科学基石的质量守恒定律。1755年罗蒙诺索夫还创办了俄罗斯第一所大学，任第一届校长。1940年学校改名为莫斯科罗蒙诺索夫国立大学，它一直是俄罗斯最大的教学、科研、文化中心。

罗蒙诺索夫是睿智的理论家和学者，知识非常广博，文理兼通，成为俄国最著名的科学家、诗人、语言学家和历史学家。他的科学研究范围涉及自然科学的许多领域。在科学研究的同时，他又进行文学创作和语言学、历史学研究，给后人留下了很多有价值的作品。

科罗蒙诺索夫国立大学（童之侠拍摄）

26 将书籍作为一生伴侣的经济学家亚当·斯密

亚当·斯密（1723—1790），英国经济学家、哲学家、作家，被誉为"经济学之父"。

亚当·斯密出生于苏格兰法夫郡的一个小镇，幼年聪明好学，14岁就进入格拉斯哥大学，学习期间，他遇到一位让他非常亲近的导师弗朗西斯·哈奇森，哈奇森以渊博学识与高尚人格给斯密留下了深刻的印象。他在该校的3年中，学习了拉丁语、希腊语、数学和伦理学等课程。他当时最喜欢的是数学和自然哲学。斯密在这个时期发展出他对理性和言论自由的热情追求。1740年，斯密被推荐到牛津大学深造。在那里，他致力于钻研古典著作，认真研究了《人性论》等伟大思想家的作品，打下了坚实的哲学基础。1746年，斯密回到故乡柯卡尔迪。1748年，他开始在爱丁堡大学担任讲师，主讲英国文学，几年后开始讲授经济学课程。1751年，斯密回到母校格拉斯哥任教授，主讲逻辑学和道德哲学。

斯密一生未娶，他将书籍作为自己一生的伴侣，他曾说"书籍就是我的情人"，"我别无所好，所好的只是书"。斯密性格有些内向，从孩提时代起就养成了自言自语的习惯，他在陌生环境宣讲文章或演说时，刚开始会因害羞频频口吃，一旦熟悉后便恢复辩才无碍的气势，侃侃而谈。而且亚当·斯密对喜爱的学问研究起来相当专注，甚至到了废寝忘食的状态，亚当·斯密从早年起，甚至还是个孩子时，就经常想事情想得出神，丝毫不受外物干扰。有时也因此做蠢事：亚当·斯密担任海关专员时，有次因出神将自己公文上的签名不自觉写成前一个签名者的名字。

1776年，亚当·斯密写作六年、修改三年的经济学著作《国民财富的性质和原因的研究》，即《国富论》终于完成。它标志着古典自由主义经济学的诞生。斯密最好的朋友是戴维·休谟。亚当·斯密在1773年初步完成《国富论》时身体很不好，他担心自己历时九年的著作会没有出版的一天，便指定戴维为遗稿管理人。但是在《国富论》出版两个月后，戴维也因病去世。有趣的是，在戴维·休谟的遗嘱中，也指定亚当·斯密为遗稿管理人。

在微观经济学方面，斯密把劳动看成是价值的唯一源泉，并且把每一种商品中所包含的劳动量视为衡量交换价值的尺度，并以此为基础，分析了竞争约束个人自利行为的作用形式和价格机制配置社会资源的运动过程。在宏观方面，斯密关心的是经济增长的性质和动态变化过程，他分析得出了"市场机制本身驱使近代社会的经济不断发展"的结论。市场在鼓励人们在追求自身利益的过程中会自然地触发出他们的勤劳、节俭品质和创造精神，并通过竞争的力量，引导人们把其资源投向生产率最高的经济领域，从而促成社会资源的优化配置。

斯密的理论体系是一个百科全书式的经济学体系，虽然其间缺乏严密的逻辑以及存在各种矛盾，但两个多世纪以来，一直对经济实践和经济学的发展具有广泛而深刻的影响。

格拉斯哥大学

27 瓦特制造出世界第一台实用的蒸汽机

詹姆斯·瓦特，英国发明家，制造出第一台有实用价值的蒸汽机❶。

瓦特在1736年生于苏格兰格拉斯哥附近的港口小镇格林诺克。瓦特的父亲是熟练的造船工人并拥有自己的船只与造船作坊。瓦特的母亲出身于一个贵族家庭并受过良好的教育。小时候，瓦特因为身体较弱去学校的时间不多，主要的教育都由母亲在家里进行。瓦特从小就表现出了出色的动手能力以及数学上的天分，并且阅读了很多苏格兰民间传说与故事。瓦特17岁的时候，母亲去世了，而父亲的生意开始走下坡路。

瓦特到伦敦的一家仪表修理厂作了一年的学徒工，然后回到苏格兰格拉斯哥打算开一家自己的修理店。

1757年，格拉斯哥大学的教授提供给瓦特一个机会，让他在大学里开设了一间小修理店。其中的一位教授——物理学家与化学家约瑟夫·布莱克成了瓦特的朋友与导师。18世纪60年代，瓦特得知格拉斯哥大学有一台纽科门蒸汽机正在伦敦修理，他请求学校取回了这台蒸汽机并亲自进行了修理。修理后这台蒸汽机勉强可以工作，但是效率很低。经过大量实验，瓦特发现效率低的原因是活塞每推动一次，汽缸里的蒸汽都要先冷凝，然后再加热进行下一次推动，从而使得蒸汽的大部分热量都耗费在维持汽缸的温度上。瓦特租了一个地窖，收集了几台报废的蒸汽机，决心要造出一台新式机器来。从此，瓦特整日摆弄这些机器。终

❶ 这种蒸汽机以后又经过一系列重大改进，成为了"万能的原动机"，在工业上得到广泛应用。瓦特开辟了人类利用能源的新时代，标志着工业革命的开始。后人为了纪念这位伟大的发明家，把功率的单位定为"瓦特"。

于，瓦特取得了关键性的进展，他想到将冷凝器与汽缸分离开来，使得汽缸温度可以持续维持在注入的蒸汽的温度，并在此基础上很快建造了一个可以运转的模型。但是要想建造一台实际的蒸汽机还有很长的路要走。

首先是资金，布莱克教授提供了一些帮助，但更多的资助来自一位成功的企业家罗巴克，卡伦钢铁厂的拥有者，在罗巴克的赞助下，瓦特开始了新式蒸汽机的试制，并成为新公司的合伙人。试制中的主要困难还在于活塞与汽缸的加工制造工艺上。当时的工艺水平下钢铁工人更像是铁匠而不是机械师，所以制造的结果很不满意。与博尔顿的合作，使得瓦特得到了更好的设备资金以及技术上的支持，特别是在加工制造工艺方面。新型蒸汽机制造的一个主要困难在于活塞与大型汽缸的密合，这个问题最终被约翰·威尔金森解决，他用镗炮筒的方法制造了汽缸和活塞，解决了漏气问题。终于在1776年，第一批新型蒸汽机制造成功并应用于实际生产。这批蒸汽机由于还只能提供往复直线运动而主要应用于抽水泵上。在之后的5年中，瓦特赢得了大量的订单并奔波于各个矿场之间安装由这

瓦特试验制造蒸汽机

种新型蒸汽机带动的水泵。在博尔顿的要求下，瓦特继续研究如何将蒸汽机的直线往复运动转化为圆周运动，以便使得蒸汽机能为绝大多数机器提供动力。一个显而易见的解决办法是通过曲柄传动，但是该项专利所有人，约翰·斯蒂德要求同时分享瓦特此前的分离冷凝器的专利，这一要求被瓦特拒绝了。

1781年，瓦特公司的雇员威廉·默多克发明了一种曲柄齿轮传动系统，并以瓦特的名义成功申请了专利。这一发明绕开了曲柄专利的限制，极大地扩展了蒸汽机的应用。在之后的6年里，瓦特又对蒸汽机作了一系列改进并取得了一系列专利：发明了双向汽缸，使得蒸汽能够从两端进出从而可以推动活塞双向运动，而不是以前那样只能单向推动；使用节气阀门与离心节速器来控制气压与蒸汽机的运转；发明了一种气压示数器来指示蒸汽状况；发明了三连杆组保证汽缸推杆与气泵的直线运动。由于担心爆炸的危险以及泄漏问题，瓦特的早期蒸汽机都是使用低压蒸汽，后来才引进了高压蒸汽。所有这些革新结合到一起，使得瓦特的新型蒸汽机的效率是过去的纽科门蒸汽机的大约5倍。

1794年，瓦特与博尔顿合伙组建了专门制造蒸汽机的公司。在博尔顿的成功经营下，到1824年公司就生产了1165台蒸汽机。后来在瓦特的讣告中，人们对他发明的蒸汽机有这样的赞颂："它武装了人类，使虚弱无力的双手变得力大无穷，它为机械动力在未来创造奇迹打下了坚实的基础。"

富尔顿制造出 28
第一艘机器驱动的轮船

富尔顿（1765—1815），工程师，轮船首创者。1807年，他制成了世界上第一个蒸汽机轮船"克莱蒙特号。"

富尔顿出生在美国宾夕法尼亚州的一个农场里。富尔顿的父亲原是苏格兰的一个裁缝，由于生活所迫，到北美种田度日。富尔顿9岁时，他的父亲就死了。家境十分清贫的富尔顿17岁时到费城投奔韦斯特，登门求教，拜师学画。富尔顿专心致志地学绘画，人物肖像画得很出色。22岁那年，富尔顿到了英国伦敦。别人介绍他前去给瓦特画像。志趣相投的人是最容易接近彼此的。富尔顿和瓦特两个人相见恨晚、促膝长谈，很快成了推心置腹的好朋友。

瓦特对这个聪明好学的美国青年很热情，把自己发明蒸汽机的情形详细地讲给富尔顿听。每当夜深人静的时候，因蒸汽机而激起的奇思妙想泛起涟漪，灵感在脑海里波动，这使富尔顿精神振奋，夜不能寐。瓦特对富尔顿的启发和影响太大了，以致富尔顿不想当画家了，决心当一名造船工程师，他决心把蒸汽机装到船上去，建造一艘机器船。

当时欧美各国想研制蒸汽机船的人不少，在富尔顿之前，许多人做过尝试，但都未能成功。有的空船还能行驶，载重后就开不动了；有的虽然能行驶，但速度比帆船还慢，没有实用价值。富尔顿仔细研究了前人造"机器船"失败的原因，发现其中有一系列技术问题需要解决，如船的吨位与动力大小的比例、船身长与宽的比例、桨轮的大小、轮翼的角度等等，都需要经过大量的试验和精确的计算才能解决。为了攻克难关，富尔顿刻苦学习高等数学、化学、物理学等基础理论知识，并为此学习了法、德、意等多种文字，还仔细剖析了各种蒸汽机，查阅了大量资料，绘制了很多图纸……

19世纪初的一天，富尔顿在巴黎的塞纳河上初次试验了他的"机器船"。这艘船其貌不扬，船上的主要部位安放着一台烧煤的大蒸汽锅炉，看上去十分笨重，在塞纳河上吐气冒烟地走走停停，走了没多远干脆不动了，第一次试航在人们的哄笑声中结束了。不久，富尔顿又制造出一艘"机器船"，船上安装了一台6千瓦的蒸汽机，并装上了铜汽锅。眼看全新的大船就要试航了。可是谁也没想到，一夜之间，风暴骤起，由于船体结构薄弱，不堪负载蒸汽机的重量，船身拦腰折断，沉入了塞纳河底。富尔顿站在岸上，久久说不出一句话来。他请工人们把沉船打捞起来，面对眼前这艘破船，富尔顿没有泄气。他要继续研究，但是他却没有钱了。

当富尔顿在法国的试验研究陷于困境，一筹莫展的时候，美国有实业家邀请他回到美国去进行研究。有了经济后盾，富尔顿更加信心百倍，他夜以继日地工作着。一年以后，一艘崭新的"机器船""克莱蒙特"号在纽约哈德逊河畔的船坞里诞生了。新船长约46米，宽约4米，排水100多吨。

1807年8月的一天，"克莱蒙特"号终于在纽约的哈德逊河下水了。船的前后各有一个客舱，蒸汽机安装在船的中部，船底两侧是带翼的桨轮，蒸汽机启动后，带动明轮旋转，推动船体向前。这就是机器船被称为"轮船"的原因。试航这一天晴空万里，阳光灿烂，哈德逊河岸上，密密麻麻地挤满了看热闹的人。

试航的时间到了，司炉工点燃锅炉，气压不断升高。富尔顿指挥收回缆绳，伴随着一声汽笛，蒸汽机轰鸣起来，大烟囱里冒出了滚滚黑烟，船体两侧旋转的轮

在纽约哈德逊河畔的"克莱蒙特"号

子搅动着河水，浪花飞溅。

"动了，动了，船真的动了！"观众中有人喊了起来。围观的人眼睛睁得大大的，凝神屏息地注视着明轮桨片搅起的水花。轮船慢慢地离开了码头。这时，船上的40名乘客和岸上的人群欢声雷动，富尔顿绽开了幸福的笑脸。

轮船平稳地破浪前进，沿哈德逊河逆流而上。渐渐地，"克莱蒙特"号把一艘艘帆船抛在后头，岸上的人们发疯似的追赶着行进中的轮船，在船尾亲自操纵机器的富尔顿更是热泪盈眶，激动万分。不料，刚开出不久，"克莱蒙特"号不动了。人们骚动起来。原来，只是发生了一个小小的机械故障，富尔顿拿起工具熟练地摆弄了几下，机器又很快地恢复了正常。此时，"克莱蒙特"号以9千米每小时的速度破浪前进，机器的轰鸣声和浪花飞溅声向人们证实，富尔顿发明轮船成功了！

经过一段时间成功的试航以后，富尔顿又将"克莱蒙特"号开进船坞进一步调整。他将原先暴露的机器用板子遮住，又将客舱装饰一新，还增设了12个卧铺位置，使乘客们的感觉更加舒适。从此，"克莱蒙特"号轮船成了哈德逊河的定期航班，在上游与下游的城市之间往返航行。

1819年，美国的"萨凡纳"号轮船横渡大西洋成功。这艘轮船总重约500吨，是"克莱蒙特"号重量的3倍多。和"克莱蒙特"号一样，它安装了3支桅杆，能同时利用蒸汽动力和风力航行。这次航行安稳地渡过了大西洋，一个月以后抵达英国。

新生事物的发展过程往往不会一帆风顺。蒸汽机的开动和轮船的航行，需要大量的燃料——煤，但远洋航行不可能带很多煤，在航行中途煤炭耗尽后，后面的航程就要靠风帆行驶。因此，初期的轮船便遭到一些人的非议。在美国，一段时间里人们几乎放弃了航海轮船的制造。在一二十年的时间里，安装有蒸汽机的大功率轮船在英国却得到了很大的发展，这些船竞相横渡大西洋，全程均以蒸汽机作为动力，速度比美国船快好几倍。从此，英国的航海船队名扬四海，称霸世界。

1836年，瑞典的造船工程师埃里克，发明了形状像电风扇一样的螺旋桨。螺旋桨由几片桨叶组成，一般安装在船尾，当蒸汽机带动螺旋桨旋转时，水流向后运动，便推动轮船前进了。由于船在航行时，螺旋桨全部淹没在水中，在水面上看不到它，因此，有人将它称为"暗轮"。采用螺旋桨的船，在航行时即使遇到狂风巨浪，螺旋桨也不会露出水面，因而推进效率明显提高，它比明轮船快。但是明轮船具有吃水浅、易维修和不易搁浅等优点，直至今天，人们在一些老式的内河船上，仍能看到它的踪迹。

科学的发展突飞猛进，技术的革新日新月异。现代化豪华轮船的面貌焕然一新，船上应有尽有，设施齐备，宛如一座在海上移动的小型城市，但是这都是在最初轮船的基础上演变而来的。

美国密西西比河
上的明轮船
（童之侠拍摄）

设施一应俱全的
现代化邮轮
（童之侠拍摄）

原子理论的创建人 29
道尔顿发现色盲病

约翰·道尔顿，英国化学家、物理学家。

化学是一门大家熟知的重要学科，许多科学先驱为这门学科奠定了理论基础，英国化学家和物理学家道尔顿就是其中一位。他既具有敏锐的理论思维，又具有卓越的实验才能，尤其在对原子的研究方面取得了非凡的成果，被称为"原子理论的创建人""近代化学之父"。为了纪念他，人们还用他的名字作为原子量的单位。

1766年，约翰·道尔顿出生在英格兰一个贫困的纺织工人家庭，他母亲生了6个孩子，一家人的生活十分困苦，他的一个弟弟和一个妹妹都因为饥饿和疾病而夭折了。道尔顿勉强上完了小学，就因为贫困而不得不辍学了。但他酷爱读书，很得教师鲁滨逊喜欢，他在老师那里借阅了大量的书和期刊，这使他的学识得到很大的提高。1778年鲁滨逊退休，12岁的道尔顿接替他在学校里任教。虽然工资微薄但道尔顿利用担任教会助理教师的机会，发奋读书，广泛涉猎，这种勤奋学习为他以后的教学和科研奠定了坚实的基础。1781年，道尔顿到肯德尔一所学校任教时，结识了盲人哲学家高夫，并在他的帮助下自学了拉丁文、希腊文、法文、数学和自然哲学。据说在这所学校的12年当中，他读的书比以后50年的还要多。

道尔顿最主要的成就是提出了科学原子论。最早提出原子论的是一位古希腊哲学家——德谟克利特。德谟克利特认为物质是由许多微粒组成的，这些微粒是不可分割的，叫作原子。牛顿也是一位原子论者，但他说的原子是一些大小不同而本质相同的微粒。道尔顿则认为相同元素的原子形状和大小都一样，不同元素的原子则不同，每种元素的原子质量都是固定不变的，原子量是元素原子的基本特征。这一理论的提出把纯属臆测的原子概念变成一种具有一定质量的、可以由实验来测定的物质实体，对原子论有了本质的促进。道尔顿的原子论发表以后，引起了整个科学界的重视和推崇。恩格斯说："在化学中，特别感谢道尔顿发现了原子论，已达到的各种结果都具有了秩序和相对的可靠性，已经能够有系统地，差不多是有计划地向还没被征服的领域进攻，可以和计划周密地围攻一个堡垒相比。"

道尔顿终生未婚，他把毕生精力都献给了科学事业，他一直在穷困的条件下从事科学研究。英国政府在欧洲著名科学家的呼吁下才给予其养老金，道尔顿却把它积蓄起来，捐献给曼彻斯特大学作为学生的奖学金。

医学上有一种道尔顿病。它是一种什么病呢？为什么用道尔顿的名字命名呢？这里还有一段故事。

那一天是圣诞节。道尔顿到街上去买了一双长筒袜，作为节日礼物送给母亲。母亲收到这份礼物非常高兴，她打开礼品盒一看："啊，原来是一双长筒袜。"她感到颜色实在太鲜艳了。她笑着说："约翰，你的礼物真让人高兴，但是你怎么看上了这么鲜艳的颜色呢？"这使道尔顿感到有些奇怪。他不以为然地说："难道深蓝的颜色还不稳重吗？妈妈。""什么？约翰。它和樱桃一样红呀！""不对，妈妈。是深蓝色。""是红色，约翰。"母亲重复回答。道尔顿找来了弟弟，弟弟也说是蓝色的，而且，他俩对颜色的感受完全一样。可是，他的朋友们和他俩的识别力却不一样。从那天起，道尔顿才知道自己的色觉与别人不同。道尔顿没有放过这一发现。他仔细分析了自己的体验，还对周围的人做了各种调查研究。他又经过多方考察验证，写出了一部科学著作《论色觉》。这是人类第一次发现色盲，而道尔顿既是色盲病的第一个发现者，也是第一个被发现的色盲病人。

道尔顿最先从事测定原子量工作，提出用相对比较的办法求取各元素的原子量，并发表第一张原子量表，为后来测定元素原子量工作开辟了光辉前景。此外，道尔顿在气象学、物理学上的贡献也十分突出。他是一个气象迷，1787年3月24日，道尔顿记下了第一篇气象观测记录，从此便从未间断。道尔顿几十年如一日地测量温度，而且保持在每天早上六点准时打开窗户，使对面的一个家庭主妇依赖道尔顿每天开窗来起床为家人做早饭。1844年7月26日,道尔顿用颤抖的手写下了他最后一篇气象观测记录。次日他从床上掉下,服务员发现时他已去世。道尔顿希望在他死后对他的眼睛进行检验,以找出他色盲的原因。他认为可能是因为他的水样液是蓝色的。他去世后,遗体检查发现他的眼睛是正常的。1990年,对其保存在皇家学会的一只眼睛进行检测时发现,他缺少对绿色敏感的色素。

30 矿区孩子特里维希克
因兴趣发明蒸汽机车

理查德·特里维希克（1771—1833），工程师、发明家。

特里维希克出生在英国康沃尔郡一个矿区，父亲是一位矿老板，他是家里最小的孩子，也是唯一的男孩。特里维希克在数学方面非常有天赋，常通过一些新奇的方式找到正确答案。他对蒸汽机很有兴趣，看到矿井的蒸汽机开动，他就去仔细观察蒸汽发动机是如何工作的，常常一看就是一天。工人们拆装这些机器设备时，他也喜欢在旁边看。参加工作后他制作了第一台高压蒸汽机，用了双动力汽缸，并采取了四通阀蒸汽分配。废气通过垂直管烟囱直接排到外面。这个线性运动通过曲柄直接转换成圆周运动，代替了较为繁琐的梁式结构。他将锅炉制作成管状，这种管形锅炉使得蒸汽的压力大大增加，可以得到比瓦特蒸汽机大得多的动力，而且比较安全。这种蒸汽机避开了瓦特的专利，特里维希克相信自己的发明会替代瓦特那种笨重而且动力小的机器。

蒸汽机车一直没有大的突破是因为蒸汽机太笨重，产生的动力连自己的重量都拉不了，更别奢望拉货物和人了。高压蒸汽机产生的动力很大，而体积和重量比普通的蒸汽机要小得多，高压蒸汽机有成为车辆动力的可能。1801年，特里维希克利用自己研制的高压蒸汽机制成了他的第一台蒸汽机车，不过这台蒸汽机车只是在普通路面上行走。

1804年，特里维希克设计制造了世界上第一台实用型轮轨蒸汽机车。在火车的演变过程中，理查德·特里维希克的主要贡献在于将瓦特的低压蒸汽动力改进为高压蒸汽动力。特里维希克设计制造的这台蒸汽机车，在结构上初步具备了早期蒸汽机车的雏形：机车由锅炉、烟囱、汽缸、动轮、摇杆、连杆、飞轮等部件组成。燃料将锅炉中的水加热产生蒸汽，由蒸汽推动汽缸中的活塞运动，活塞通过与活塞杆连接的带滑动十字头的摇杆，来推动大飞轮快速旋转，再经过大飞轮上的齿轮传动装置，带动机车动轮运转，从而使机车开动起来。但是，由于当时铁的质量不是很好，蒸汽机车比较笨重，压在铁轨上面，很容易造成铁轨断裂。

1808年，特里维希克离开矿山，决定去伦敦碰碰运气。为了推广，他建造了一条圆形的小铁路，铁路上就是他的蒸汽机车。这样就做成了一个简易的游乐场，给人表演火车的运行。一群人观看蒸汽机车在铁路上跑，欢呼着在后面追。在当时的人看来，机器自己行走是一件不可思议的事情。个别好奇的青年人还爬到机车后面的车厢里去坐坐，这可以说是人类有史以来第一列载客火车，也是伦敦第一辆无马牵引的载客车。

蒸汽机车是18世纪下半叶工业革命时期的一大发明，它开辟了近代运输的新纪元。

早期的蒸汽机车（童之侠拍摄）

31 斯蒂芬森从文盲到改进火车使其进入实用阶段

斯蒂芬森（1781—1848），英国工程师、发明家。

斯蒂芬森生于英国诺森伯兰地区，早年做工，没有受过学校教育，直到18岁还是一个文盲。1810年，斯蒂芬森开始着手制造蒸汽机车。1813年他在附近煤矿观摩了用来从煤矿拉煤的"装有轮子的蒸汽锅炉"。他研究提高机车功率的方法，采用了蒸汽鼓风法，把废气导引向上喷出烟囱，带动后面的空气，从而加强了通风。这个新设计使蒸汽机车进入实用阶段。

16世纪下半叶，在英国和德国的矿山和采石场铺有用木材做成的路轨。在轨道上行走的车是靠人力或畜力推动的。1767年，英国的金属大跌价，有家铁工厂的老板看到堆积如山的生铁，卖不出去又占用了很多地方，就令人把铁浇铸成长长的铁条，铺在工厂的道路上，准备在铁价上涨的时候再卖。结果，人们发现车辆走在铺着铁条的路上，既省力又平稳。然而，在铁条上行车不是很方便。于是人们又把铁条做了改进，做成凹槽形的铁轨。这种轨道可以防止车轮滑出，但凹槽中容易积上石子、煤屑。人们又把铁轨做成上下一样宽，中间略窄的形状，这样铁轨不容易损坏。可是这种轨道不是很稳定，铁轨受到冲击容易翻倒而导致车辆出轨翻车。人们又把铁轨的下面加宽，造成"工"字形，这种形状的轨道既稳定又可靠，一直沿用到今天。铁路诞生了，可是最初行走在铁路上的车是用马拉的。

斯蒂芬森的父亲是煤矿上的蒸汽机司炉工。一家8口全靠父亲的收入生活，日子过得很艰难。14岁那年，斯蒂芬森来到煤矿，当上了一名见习司炉工。他很喜欢这个工作，别人下班了，他却认真地擦洗机器，清洁零部件。多次的拆拆装装，使他掌握了机器的结构。他渴望掌握更多的知识，辛勤工作一天后，就去夜校上课。他从没上过学，开始学习时困难重重。但他聪明好学，勤奋钻研，很快掌握了机械、制图等方面的知识。一次，他用书本上学到的知识，结合工作的实际，设计了一台机器。煤矿上的总工程师看到他设计的机器草图大加赞赏，这给了斯蒂芬森很大的鼓励。他学习、工作都更加努力勤奋了，不久便成了名熟练的机械修理工。

斯蒂芬森开始研制蒸汽机车，他改进了产生蒸汽的锅炉，把立式锅炉改成卧式锅炉，把蒸汽机车放在轨道上行驶，在车轮的边上加上了轮缘，以防止火车出轨。他又在承重的两条路轨间加装了一条有齿的轨道，避免车轮打滑。1814年，斯蒂芬森的蒸汽机车问世了，车头上有一个巨大的飞轮。这个飞轮可以利用惯性帮助机车运动，斯蒂芬森为他的发明取了个名字叫"布鲁克"，这台蒸汽机车可以带动总重约30吨的8个车厢。起初，火车速度不快，震动很大。针对这些缺点，斯蒂芬森做了改进。1821年，皮斯筹划铺设从斯托克顿到达灵顿供马拉车用的铁轨，皮斯听了斯蒂芬森的建议，委托他制造一台火车头。斯蒂芬森受委托后，加紧工作，终于造出了一辆新的、更先进的蒸汽机车"旅行号"。

1825年9月27日，在英国的斯托克顿附近聚集了4万余名观众，人们翘首以待，望着那条铁路。忽然人们听到一声汽笛声，一台机车喷云吐雾地驶来。机车后面拖着12节煤车，另外还有20节车厢，车厢里还乘着约450名旅客。这列火车以每小时24公里的速度从达灵顿驶到了斯托克顿。火车缓缓地停稳，人群中爆发出雷鸣般的欢呼声。

人们看到了火车的优越性，随即在英国和美国掀起了修筑铁路、建造机车的热潮。仅1832这一年，美国就修建了17条铁路。蒸汽机车也有了很大的改进，从最初斯蒂芬森建造的两对车轮的机车，发展到后来的六对车轮的机车。

经过多年来不断地改进，火车在世界各国已成为最重要的长途交通工具之一，在货物运输和人们的旅行中发挥着非常重要的作用。

32 德国数学家高斯
研究正十七边形作图法

高斯（1777—1855）出生于德国布伦瑞克，近代数学奠基者之一，也是物理学家、天文学家。

高斯的母亲罗捷雅是一个贫穷石匠的女儿，没有接受过教育，在她成为高斯父亲的第二个妻子之前，她从事女佣工作。高斯的父亲曾做过园丁、商人的助手和保险公司的评估师。高斯三岁时便能够纠正他父亲的借债账目的问题。在成长过程中，幼年的高斯主要得力于母亲和舅舅的教导。他的舅舅为人热情又聪明能干，投身于纺织贸易事业且颇有成就。他发现姐姐的儿子聪明伶俐，因此他就把一部分精力花在这位小天才身上，用生动活泼的方式开发高斯的智力。

在数学史上，很少有人像高斯一样很幸运地有一位鼎力支持他成才的母亲。高斯的母亲直到34岁才出嫁，生下高斯时已有35岁了。她性格坚强、聪明贤惠。高斯从小就对一切现象和新鲜事物表现出强烈的好奇心，而且会想办法弄个水落石出。当爸爸为此训斥高斯时，妈妈总是支持高斯，坚决反对顽固的丈夫把儿子变得跟他一样墨守成规。妈妈对高斯的才华极为珍视，希望他能干出一番伟大的事业。然而，她也不敢轻易地让儿子投入当时尚且不能养家糊口的数学研究中。在高斯19岁那年，尽管他已做出了许多伟大的数学成就，但他的妈妈仍会向数学界的朋友问道："高斯将来会有出息吗？"朋友回答说她的儿子将是"欧洲最伟大的数学家"，每每听到这样的回答，她都激动得热泪盈眶。

高斯7岁那年开始上学。10岁的时候，他进入了学习数学的班级，这是一个首次创办的班，孩子们在这之前都没有听说过算术这么一门课程。数学教师是布特纳，高斯还与布特纳的助手巴特尔斯建立了真诚的友谊，他们一起学习，互相帮助。

1788年，11岁的高斯进入了文科学校，他在新的学校里，所有的功课都极好，特别是古典文学、数学尤为突出。经过巴特尔斯等人的引荐，布伦兹维克公爵召见了14岁的高斯。这个朴实、聪明但家境贫寒的孩子赢得了公爵的同情，公爵慷慨地提出愿意做高斯的资助人，让他继续学习。在科学研究社会化以前，私人的资助是科学发展的重要推动因素之一。

1792年高斯进入卡罗琳学院继续学习。1795年，公爵又为他支付各种费用，送他进入德国著名的哥廷根大学，这样就使得高斯得以按照自己的理想勤奋地学习，并开始进行创造性的研究。1796年，19岁的高斯得到了一个数学史上非常重要的结果，就是"正十七边形尺规作图之理论与方法"。正十七边形是指几何学中有17条边及17只角的正多边形。最早发现其形状可用尺规作图法的就是高斯。

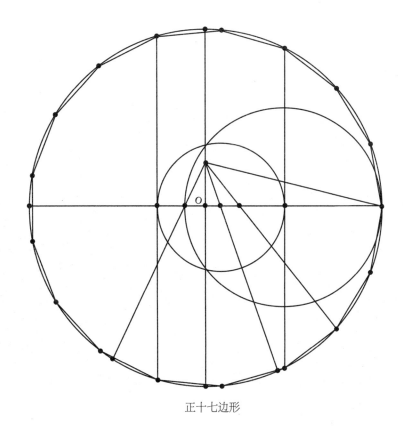

正十七边形

　　1799年，高斯完成了博士论文，虽然他的博士论文顺利通过了，他被授予博士学位，同时获得了讲师职位，但他没有能成功地吸引学生，因此只能回到家乡。公爵为高斯付了长篇博士论文的印刷费用，为他印刷《算术研究》，使该书得以在1801年问世，他还负担了高斯的生活费用。所有这一切，令高斯十分感动。

　　高斯开辟了许多新的数学领域，从最抽象的代数数论到内蕴几何学，都留下了他的足迹。他发现了质数分布定理、算术平均、几何平均。如果我们把18世纪的数学家想象为一系列的高山峻岭，最后一个令人肃然起敬的巅峰就是高斯；如果把19世纪的数学家想象为一条条江河，其源头就是高斯。高斯他幼年时就表现出超人的数学天才。11岁时发现了二项式定理，17岁时发明了二次互反律，18岁时发明了正十七边形的尺规作图法，解决了两千多年来悬而未决的难题，他视此为生平得意之作，交代要把正十七边形刻在他的墓碑上，但后来他的墓碑上并没有刻上十七边形，而是十七角星。刻碑的雕刻家认为正十七边形和圆太像了，不容易分辨出来。

德国风光（童之侠拍摄）

美术家和化学家
达盖尔发明银版摄影法 33

达盖尔(1787—1851)，法国美术家和化学家，银版摄影法发明者。

路易·达盖尔出生于法国北部的一个小镇，父亲是当地的一名法官，很注意培养儿子的思想修养。母亲是当地一位行政长官的女儿，对哲学和天文学都饶有兴趣，尤其是对绘画着迷。

达盖尔当时就读的中学实行的是欧洲传统教育方法，课程呆板，内容繁多。但是在课外，父母是他最好的辅导老师，教了他许许多多丰富有趣的知识。父亲经常带着孩子们去散步，让他们充分领略大自然的雄浑之美。有的时候，他们徜徉在树林里，观察树干是多么巧妙地分出树枝、长出树叶来。有的时候，他们登上山顶，欣赏彩霞云海，讨论着雾雨雷电的知识。星期天，全家人租上一条小船，漫游在小镇的运河里，到了大教堂，全家人就弃船上岸，沿着螺旋形楼梯爬上塔顶，俯瞰古老的小镇，父亲津津有味地讲述法兰西王朝的历史。小达盖尔特别喜欢观察塔顶上大钟的构造，仔细琢磨那许多奇奇怪怪的齿轮究竟是怎样工作的。这时候，母亲还会耐心地向达盖尔介绍周围美丽的自然景观的画法、明暗度的对比、色调的掌握。所有这一切，对于达盖尔后来发明照相法有很大的益处。

冬日的夜晚，达盖尔总是喜欢靠在温暖的壁炉边，听父亲朗诵歌德的作品。那些气势磅礴的诗句，他铭记于心。除了歌德以外，父亲还让孩子们大声地朗诵莎士比亚和诗人弥尔顿的作品。达盖尔家里常常聚集着一大批科学家或其他方面的人士。他们之中有哲学家、物理学家、画家等。每次聚会时，父亲总是让孩子们静静地坐在一边旁听。父母亲的精心教育，从小的耳濡目染，使小达盖尔逐渐成长起来了。他融合了父亲的聪明、正直和母亲的善良、温和、观察力强的优点。他的动手能力极强。有一次，自行车出了毛病，达盖尔不顾母亲的反对，坚持拆下自行修理，不料拆开之后，却不知道该如何重新组装起来。母亲要让女仆去请一名修理工来，了解达盖尔的父亲阻止了她。父亲平静地对母亲说："不要管这孩子，他自己会知道怎样干的。"果然，经过对每个部件的研究之后，最终达盖尔自己将车子组装起来了。从小学到中学，达盖尔自然科学的禀赋渐渐地在物理学、数学等各科之中显露出来了。除此之外，他还努力学习历史和语言，能用拉丁文写出很漂亮的文章。

达盖尔从小就展现出了惊人的绘画天赋，尤其擅长画人物肖像，画得惟妙惟肖。他经常被镇上的居民邀去画像。画一幅逼真的肖像画要花去这位小画家不少的时间和精力。"有没有一种方法可以很快成像呢？"达盖尔经常这样问自己。很长一段时间里，他都在思考着怎样才能在极短的时间里画成一幅画。但他并不知道这个问题同时也在被别人思考着、探索着。法国人尼埃普斯在1826年就已经拍出了世界上第一张照片，但是这种照片需要曝光8个小时以上，而且技术很

法国风光（童之侠拍摄）

难掌握。最遗憾的就是过了一段时间以后，照片会变模糊，不能长期保存。尽管如此，达盖尔听到这个消息后还是非常兴奋，他开始思考在此技术的基础上能否设计出一种曝光时间短的照相技术。但是，通往成功的道路总是极为漫长的，必须付出艰辛的劳动。

经过10年的不懈努力，达盖尔才成功地发明了实用的银版摄影术：让一块表面上有碘化银的铜板曝光，然后蒸以水银蒸气，并用食盐溶液定影，就能形成永久性影像。后来，达盖尔根据此方法制成了世界上第一台照相机，由镜头、光圈、快门、取景器和暗箱等部分组成。

很少有一项发明完全是一个人的劳动成果。许多其他人早期的劳动为达盖尔的成功奠定了基础。达盖尔是照相技术及照相机的发明人，被誉为"现代摄影之父"。

34 英国科学家法拉第
自学成才发现电磁感应

迈克尔·法拉第（1791—1867），
自学成才的英国科学家。

法拉第出生在英国萨里郡一个贫苦的铁匠家庭。他的父亲体弱多病，收入微薄，仅能勉强维持生活。但是父亲非常注意对孩子们的教育，要他们勤劳朴实，不要贪图金钱地位，要做一个正直的人。这对法拉第的思想和性格产生了很大的影响。

由于贫困，家里无法供他上学，法拉第幼年时只读了两年小学。1803年，为生计所迫，他走上街头当了报童，第二年又到一个订书匠的家里当学徒。订书店里书籍堆积如山，法拉第带着强烈的求知欲，如饥似渴地阅读各类书籍，汲取了许多自然科学方面的知识。《大英百科全书》中关于电学的文章强烈地吸引着他。他努力地将书本知识付诸实践，利用废旧物品制作静电起电机，进行简单的化学实验和物理实验。他还与青年朋友们建立了一个学习小组，常常在一起讨论问题。科学实验在法拉第一生的科学活动中贯穿始终。法拉第从不放过任何一个学习的机会，在哥哥的资助下，他参加了青年科学组织伦敦城哲学会。通过一些活动，他初步掌握了物理、化学、天文、地质、气象等方面的基础知识，为以后的研究工作打下了良好基础。

法拉第的好学精神感动了一位订书店的老主顾，在他的帮助下，法拉第聆听了著名化学家汉弗莱·戴维的演讲。他把演讲内容全部记录下来并整理清楚，回去和朋友们认真讨论研究。他还把整理好的演讲记录送给戴维。他后来成了戴维的实验助手。从此，法拉第开始了他的科学生涯。戴维在科学上有许多的贡献，但是他说："我对科学最大的贡献是发现了法拉第。"

法拉第勤奋好学，工作努力，很受戴维器重。1813年10月，他随戴维到欧洲其他国家考察，他的公开身份是仆人，但他毫不自卑，把这次考察当作学习的好机会。他见到了许多著名的科学家，参加了各种学术交流活动，还学会了法语和意大利语，大大开阔了眼界，增长了见识。

1820年，奥斯特发现电流的磁效应，英国《哲学年鉴》主编约请戴维写文章评述自奥斯特的发现以来电磁学实验的理论发展概况，戴维把这一工作交给了法拉第。法拉第在收集资料的过程中，对电磁现象产生了极大的热情，并开始转向电磁学的研究。1821年，法拉第完成了第一项重大的发明。两年之前，奥斯特已发现如果电路中有电流通过，它附近的普通罗盘的磁针就会发生偏移。法拉第从中得到了启发，认为假如磁铁固定，线圈就可能会运动。根据这种设想，他成功地发明了一种装置。在装置内，只要有电流通过线路，线路就会绕着一块磁铁不停地转动。事实上法拉第发明的是第一台电动机。

法拉第仔细地分析了电流的磁效应等现象，他认为既然电能够产生磁，反过来，磁也应该能产生电。他又设计了各种各样的实验，证明两个线圈发生相对运动，磁作用力的变化同样也能产生电流。根据这个实验，法拉第发明了圆盘发电机。

1834年，法拉第总结出电解定律，这条定律成为联系物理学和化学的桥梁，也是通向发现电子道路的桥梁。1837年他引入了电场和磁场的概念，指出电和磁的周围都有场存在。1838年，他提出了电力线的新概念来解释电、磁现象，这是物理学理论上的一次重大突破。1852年，他又引进了磁力线的概念，从而为经典电磁学理论的建立奠定了基础。

扫码听音频

近现代科学家

第二部分

35 中国铁路之父詹天佑
知难而进为国争光

詹天佑（1861—1919）生于广东南海县，是中国铁路工程专家，被誉为"中国铁路之父"。

少年时的詹天佑就对机器十分感兴趣，常和邻居孩子们一起，用泥土制作各种机器模型。他还把家里的自鸣钟拆开，摆弄琢磨里面的各种构件。1872年，11岁的詹天佑到香港报考清政府筹办的"幼童出洋预习班"。他怀着学习西方技术的理想，远涉重洋，前往美国就读。在美国，出洋预习班的同学们目睹了美国科学技术的巨大成就，对机器、火车、轮船及电信制造业的迅速发展赞叹不已。詹天佑怀着坚定的信念说："今后，中国也要有火车、轮船。"

怀着为祖国富强而发奋学习的信念，詹天佑刻苦学习。他考入美国西海文小学，寄宿在校长家里。他小小年纪就知道学习英文的重要性，天天背英语单词，和外国同学聊天，加强会话能力。1876年，他以优异成绩考取了纽海文中学。1878年，詹天佑考入耶鲁大学土木工程系，专攻铁路工程。在这个著名学府，詹天佑刻苦钻研，各科成绩都很优秀。20岁那年，詹天佑出色地完成了大学本科课程，成为当年归国的100多名留美学生中仅有的两位学士学位获得者之一。

回国后，詹天佑满腔热忱地准备把所学本领贡献给祖国的铁路事业。但是，清政府洋务派官员迷信外国，在修筑铁路时依靠洋人，不顾詹天佑的专业特长，把他派到福建水师学堂学驾驶海船。后来又把他派往旗舰"扬武"号担任驾驶官。1888年，詹天佑由同学邝孙谋的推荐，北上天津到中国铁路公司任工程师。被湮没了七年之久的詹天佑才有机会为祖国的铁路事业做出贡献。

当时从天津到山海关的津榆铁路修到滦河，面对宽阔的河面，要造一座横跨滦河的铁路桥。滦河下游河宽水急，河床泥沙很深，地质结构复杂。铁桥开始由号称世界一流的英国工程师担任设计，但是失败了。后来请来的日本工程师也不顶用，最后德国工程师出马也败下阵来。这时，詹天佑提出由中国人自己来搞，负责工程的英国人在走投无路的情况下，只得同意让詹天佑来试试。詹天佑认真分析总结了三个外国工程师失败的原因后，白天与工人一起实地调查，严密测量，夜晚，他借着幽暗的油灯，仔细研究滦河河床的地质构造。经过反复分析比较，最后确定了桥墩的位置。他决定采用"压气沉箱法"来进行桥墩的施工。潜水员潜入河底，配以机器操作，完成打桩任务，最后胜利建成了滦河大桥。这件事震惊了世界：一个中国工程师居然解决了三个外国工程师无法完成的大难题。这一胜利大长了中国人的志气。

1905年，清政府决定兴建北京至张家口的铁路。修京张铁路的消息传出后，英国志在必得，沙俄誓不相让，双方争执不下，最后达成协议：如果中国不借外债，全由中国人自修此路，双方都放弃。在这样的情况下，清政府才不得不决定自己修建这条铁路。

这条铁路自北京至张家口，穿越军都山脉，地形险峻，工程异常艰巨，工程之难在当时为全国所没有，世界所罕见。詹天佑承担了这个重任，被聘为总工程师，主持修建京张铁路。紧张的工作开始了。詹天佑亲自带领技术人员和工人，背着标杆、经纬仪，日夜奔波在崎岖的山路上。

在八达岭、青龙桥一带，山峦重叠，陡壁悬崖，要开四条隧道，其中最长的达一千多米。詹天佑经过精确测量计算，决定采取分段施工法：从山的南北两端同时对凿，并在山的中段开一口大井，在井中再向南北两端对凿。这样既保证了施工质量，又加快了工程进度。凿洞时，大量的石块全靠人工一锹一锹地挖，涌出的泉水要一担一担地挑出来，身为总工程师的詹天佑与工人同挖石、同挑水，一身污泥一脸汗。他鼓舞大家说："京张铁路是我们用自己的人、自己的钱修建的第一条铁路，全世界的眼睛都在望着我们，必须成功！"

一天傍晚，猛烈的西北风卷着沙石在八达岭一带呼啸怒吼，刮得人睁不开眼睛，测量队急着结束工作，填了一个测得的数字，就从岩壁上爬下来。詹天佑接过本子，一边认真翻看填写的数字，一边关切地询问："数据准确吗？""差不多。"测量队员回答说。詹天佑态度严肃地说："技术的第一个要求是精密，不能有一点模糊和轻率，'大概''差不多'这类说法不能出自工程人员之口。"接着，他背起仪器，冒着风沙，率领大家重新攀到岩壁上，认真地又重新勘测了一遍，修正了误差。

在铁路铺轨的第一天，一列工程车的一个车钩链子折断，造成脱轨事故。这一下成了中国人不能自修铁路的证据，各种诽谤中伤纷至沓来。但是詹天佑没有惊慌失措，他冷静地思考：这条铁路坡度极大，每节车厢之间的连接稍差一些，事故就难以避免。为此，他使用了自动挂钩法，终于解决了这个问题。

从南口到八达岭地势太陡，火车很难爬上去。为了克服陡坡行车的困难，保证火车安全爬上八达岭，詹天佑独具匠心，创造性地运用折返线，在山多坡陡的青龙桥地段设计了一段人字形线路，从而减少了隧道的开挖，大大降低了坡度。列车开到这里，配合两台大马力机车，一拉一推，保证列车安全顺利地爬过陡坡。

京张铁路是中国人自行设计和建造的第一条干线铁路，没有使用外国的资金及人员。詹天佑对全线工程提出"花钱少，质量好，完工快"三项要求。工程原计划六年完成，结果只用了四年就提前完工，工程费用只及外国人估价的五分之一。一些欧美工程师乘车参观后啧啧称道，赞誉詹天佑了不起。

京张铁路模型（童之侠拍摄于中国铁路博物馆）

詹天佑谦虚地说："这是京张铁路一万多员工的力量，不是我个人的功劳，光荣应该属于大家。"

詹天佑修建京张铁路期间，制定了各种铁路工程标准，中国现在仍然使用的标准轨距、自动挂钩等都是出自詹天佑的提议。为了振兴中国的铁路事业，詹天佑和同行一起成立了中华工程学会，并被推为会长。这期间，他对青年工程技术人员的培养倾注了大量心血，他除了以自己的行为做出榜样外，还勉励青年"精研学术，以资发明"，要求他们"勿沽名而钓誉，以诚接物"。

詹天佑对铁路一往情深，他满怀深情地说："生命有长短，命运有沉升。所幸我的生命，能化成匍匐在华夏大地上的一根铁轨，也算是我坎坷人生中的莫大幸事了。"

詹天佑塑像（童之侠拍摄于中国铁路博物馆）

36 地质学家李四光
不畏艰险亲自勘探找油田

李四光（1889—1971），地质学家，是中国地质力学的创立者。

李四光出身于一个穷苦家庭，排行老二，原名李仲揆。1902年，湖北开始大量兴建新式的中小学堂，除了教学生传统的四书五经，还传授科学技术知识。消息很快就传到了黄冈，小仲揆来到武昌报名。在填写报名表的时候，由于紧张，他误将年龄"十四"填在了姓名栏里。发现写错后，他舍不得花钱再买一张表格，正在为难的时候，他抬头看到大厅正中挂的横匾上有"光被四表"这四个字。小仲揆就将姓名栏里"十"添了几笔写成"李"，在"四"后边加了个"光"字，改过之后，他想："四光，四面光明，我的前途是有希望的。"从此他就改名为李四光。

李四光小时候常常和小伙伴一起玩捉迷藏的游戏。每次他都爱藏在一块大石头的后面。这块巨石孤零零地立在草地上。一听到小伙伴的脚步声，他就悄悄地围着大石头躲闪。小伙伴围着大石头转来转去，也无法找到他。时间长了，他就产生了好奇心，对大石头产生了浓厚的兴趣：这么大的一块石头是从哪儿来的呢？对于这个问题，李四光思考了很多年，直到后来他到英国学习了地质学，才明白了冰川可以推动巨大的石头移动上千公里。后来，李四光回到家乡，专门考察了这块大石头。这块石头叫片麻岩，是从遥远的秦岭被冰川带到这里来的，因为那时候只有秦岭有片麻岩。

19世纪以来，德国、美国、法国、瑞典等国的地质学家陆续到中国来勘探矿产、考察地质，他们都没有在中国发现过冰川现象，因此在地质学界"中国不存在第四纪冰川"已经成为一个"定论"。李四光提出"让事实说话"。1921年，李四光在太行山东麓发现了像冰川条痕石的石头，在大同盆地进行考察后更加相信自己的判断，于是大胆地提出了中国存在第四纪冰川的看法。虽然当时遭到一些外国专家否定，他没有丧失勇气和信心，继续带领学生在太行山、九华山、天目山、庐山等地考察，又发现了许多有力的证据。为了让人们能接受这一事实，李四光继续寻找更多的冰川遗迹。10年以后，他不仅得出庐山有大量冰川遗迹的结论，而且认为中国第四纪冰川主要是山谷冰川。1933年，李四光在中国地质学会第十次年会上做了学术演讲，会后专门请中外学者到庐山实地考察。此后，李四光加紧了对第四纪冰川的考察，为了进一步探讨地壳表面各种痕迹的规律，他不畏艰险，翻山越岭，亲自勘探测量，实地观察地层构造，先后在扬子江流域、黄山等地发现了大量遗迹，最终推翻了外国人的错误结论。他的研究成果对掌握地下的水文和构造，对发展建设事业起了重要的作用。

过去，中国被认为是一个贫油的国家。李四光在仔细分析了中国地质条件后，深信在中国辽阔的领域内，天然石油资源的蕴藏量应当是丰富的，关键是要抓紧做好石油地质勘探工作。1954年，李四光提出应该首先把柴达木盆地、四川盆地、华北平原、东北平原等地区作为普查找油的对象。

李四光的贡献之一是创立了地质力学，并以力学的观点研究地壳运动现象，分析了中国的地质条件，说明中国的陆地一定有石油。从理论上推翻了中国贫油的结论，肯定中国具有良好的储油条件。李四光独创的地质力学理论，为我国的地质、石油勘探和建设事业做出了巨大贡献。他运用地质力学分析我国东部地区地质构造特点，认为三个沉降带具有广阔的找油远景。1956年，他亲自主持石油普查勘探工作，在很短时间里先后发现了大庆、胜利、大港、华北、江汉等油田，不仅摘掉了中国"贫油"的帽子，也使地质力学理论得到了最有力的证明。

李四光深感地震灾害给国家和人民生命财产造成的损失之严重，他将很大的精力投入地震的预测、预报研究工作。他认为地震是一种地质现象，大多是由于地质构造运动引起的。因此，对构造应力场的研究、观测、分析和掌握其动向是十分重要的。在地震地质工作方面，他强调在研究地质构造活动性的基础上观察地应力的变化，为实现地震预报指出了方向。

李四光还是一位教育家，培养造就了一大批著名的地质学家，对发展中国地质事业和提高中国地质科学水平起了重要作用。李四光主持了北京、长春两个地质学院的建院工作，以后又扩大建立了成都地质学院以及许多中等地质技术学校，为地质勘探和地质科研工作培养了大批的技术人才。

李四光是中华人民共和国成立后第一批杰出的科学家和为新中国发展做出卓越贡献的元勋，李四光是当代中国科技界、知识界的一面旗帜。他对中国地质学的贡献、他的治学精神和高风亮节都是后世的榜样。

李四光塑像（童之侠拍摄于中国地质博物馆）

竺可桢主持浙江大学 度过艰难岁月 **37**

竺（zhú）可桢（zhēn），中国近代气象学家、地理学家、教育家，中国近代地理学和气象学的奠基者。

竺可桢出生于浙江绍兴东关镇一个小商人家庭。竺可桢幼时聪明好学，从2岁开始认字，5岁进学堂，7岁开始写作文。竺可桢写作文，常常是写了一遍，自己觉得不好又重新再写一遍，等到他自己认为满意了才停笔。竺可桢读书很用功，常常读起书就忘了时间，有时当他上床睡觉时，大公鸡已经"喔、喔"地啼叫了。母亲怕累坏了他的身子，就常常用陪学的办法督促他早睡。竺可桢很聪明，有时随母亲睡了，可当他听到鸡叫时，知道天快亮了，又轻轻地爬起来，背诵老师教的课文。

竺可桢不仅爱学习，还爱思考问题。家乡雨水特别多，屋檐上老是滴水，落在石板上发出"滴滴答答"的响声。竺可桢站在一旁数那滴答作响的水滴，数着数着，他眼睛盯住石板出神，他心里纳闷：哎，这些石板上怎么有一个一个的水坑呀，水滴正好滴在小坑里。再看看另外一块石板，也是同样的情况。他立即跑去请教父亲。父亲听了儿子的问话，向他解释说："这就叫水滴石穿呀！别看一滴一滴的雨水没有什么厉害的，但是，天长日久，石板就被滴出小坑了。读书、办事情，也是这个道理，只有持之以恒，才会有所成就。"

1909年，竺可桢考入唐山路矿学堂（今西南交通大学）学习土木工程。1910年，竺可桢考取留美公费生，进入伊利诺伊大学农学院学习。毕业后，转入哈佛大学地学系，研读与农业关系密切的气象学。1915年，获哈佛大学硕士学位。1918年，竺可桢获哈佛大学气象学博士学位，随即回国。

竺可桢回国后，受聘到武昌高等师范学校讲授地理和天文气象课。他自编讲义，讲义内容新颖，体现了当时最先进的地理和气象学说；他还在课外带领学生参观实习。1930年以前，中国的天气预报只能由外国人发布。1928年，竺可桢在南京北极阁筹建气象研究所，中国人的气象科学就此起步。1930年元旦，中国人终于发布了自己的天气预报。

1936年2月的一天，蒋介石约见竺可桢，要他去浙江大学任校长。竺可桢当面明确表示自己"不善侍候部长、委员长等"。他不愿意应付繁杂琐碎的官场应酬和千头万绪的行政工作，更愿意投身于气象研究。经亲友劝说，他后来勉强答应，但是提出了三个条件："财政须源源接济；用人校长有全权，不受政党干涉；时间以半年为限。"最后蒋介石在陈布雷的劝说下勉强答应了这三个条件。

1936年的4月浙江大学迎来了竺可桢。显然他当时不知道，这个校长一当就是13年。不久抗战爆发了，学校有十余年处于流亡路上。十年四迁，他率领浙江大学师生辗转赣、湘、两广到达遵义，被誉为"文军的长征"。竺可桢和浙大师生每到一个地方，无论条件如何艰苦，依然锐意发展提高学术与教学水平，扩充院系，培植良好学风，从不耽搁，第一时间开堂授课。学校在十分艰难的条件下，竺可桢撰写了《求是精神和牺牲精神》一文，提倡追求真理，不怕牺牲之精神，聚集一批国内外知名专家学者。

竺可桢在浙江大学时形成的"竺可桢精神"以"求是"为主导。"求是"就是追求真理，忠于真理。他的处世原则是：博学之，审问之，慎思之，明辨之，笃行之。竺可桢的学术研究态度是以科学的方法来分析，使复杂变成简单；以公正的态度来计划；以果断的决心来执行。竺可桢曾为科学研究立下三种操守和尺度："虚怀若谷，不武断蛮横，不凭主观，不抱成见；实事求是，专心致志，不做无病呻吟；严谨整饬，毫不苟且，不盲从附和，一切以理智为依归，如遇逆境，不屈不挠，不畏强御，只问是非，不计利害。"浙大师生用脚步丈量山河，用热血谱写华章，凭借着顽强的斗志，把读书、求知的种子播撒到祖国各处。筚路蓝缕的流亡办学，使竺可桢接手时的二流地方大学，化蛹为蝶地成为被誉为"东方剑桥"的世界一流大学。

1949年11月中国科学院成立，竺可桢被任命为副院长，分管自然科学研究方面的组织领导工作。根据国家关于科学研究工作的方针，竺可桢广泛征求意见，制定调整、建立研究机构的原则，组织与高等院校的合作，大力开展科学研究工作。

1955年至1960年，虽年事已高，竺可桢仍经常到西北黄土高原、新疆、内蒙古等地考察。1961年，在竺可桢的指导下，由中国科学院地理研究所主持建立了全国物候观测网，制定了物候观测方法，确定国内共同物候观测种类。1963年出版的《物候学》是竺可桢多年研究物候的结晶。他结合我国的实际，系统地介绍了物候学的基本原理，我国古代的物候知识，世界各国物候学的发展，物候学的基本定律，利用物候预告农时的方法等。

竺可桢自1917年在哈佛大学读书时就养成了记日记的习惯，主要记录了气象研究的各种资料，对中国近现代科学史特别对中国科学院院史的研究有很大的价值。竺可桢早年就读于上海澄衷中学，因学习过于刻苦，身体不好，他的同学胡适打赌说：竺可桢活不过20岁。竺可桢听到这句话，从此注重锻炼身体。后来，竺可桢活到了84岁，直到去世的前夜，他还在坚持写日记。

38 赵元任博学多才
精通多种语言和方言

赵元任（1892—1982），出生于天津，毕业于哈佛大学。现代著名学者、语言学家。

赵元任是中国现代语言学先驱，被誉为"中国现代语言学之父"。赵元任博学多才，既是数学家，又是物理学家，哲学也有一定造诣。他主要以语言学家蜚声于世。赵元任先后任教于康奈尔大学、哈佛大学、清华大学、夏威夷大学、耶鲁大学、密歇根大学、加州大学伯克利分校。他从1920年执教清华大学至1972年在美国加州大学退休，前后从事教育事业52年。著名语言学家王力、朱德熙、吕叔湘等都是他的学生。

从小赵元任就表现出了他的语言天赋。清末，赵元任的祖父在北方做官。年幼的赵元任随其家人在北京、保定等地居住期间，跟保姆学会了北京话和保定话。5岁时回到家乡常州，家里为他请了一位当地的家庭教师，他又学会了用常州方言背诵四书五经。后来，跟大姨妈学会了常熟话，跟伯母学会了福州话。他15岁考入南京江南高等学堂，全校270余名学生中，只有3名是地道的南京人，赵元任又向这3位南京同学学会了地道的南京话。有一次，他同客人同桌就餐，这些客人来自四面八方，赵元任居然能用8种方言与同桌人交谈。1920年，美国教育家杜威和英国哲学家罗素来中国讲学，清华大学派赵元任给罗素当翻译。他在陪同罗素去湖南长沙的途中又学会了讲湖南话。由于他口齿清晰，知识渊博，又能用方言翻译，因而使当时罗素的讲学获得了非常好的效果。从此，赵元任的语言天才得到了公认，他自己也决定将语言学作为终身的主要职业。

赵元任对现代汉语轻重音的研究是开创性的。他提出汉语口语不是读书腔，也有重与轻，而且轻重音在汉语的语调中非常重要。赵元任在研究中几乎提到了汉语里的各类轻音，并有所区分，涵盖了词重音、句重音、轻声、可轻声、语调轻音、结构轻音等现象。赵元任还注意到了汉语轻重音不同于西方语言的地方，并看到了重音的相对性。赵元任还将语速的快慢作为语调的一个构成要素，属于时间范畴。他很重视语助词在语调中的作用。

赵元任是中国第一位用科学方法作方言调查的学者。他能辨别各种细微的语音差别。他在二三十年代间考察和研究过吴语等近60种方言。赵元任曾表演过口技"全国旅行"：从北京沿京汉路南下，经河北到山西、陕西，出潼关，由河南入两湖、四川、云贵，再从两广绕江西、福建到江苏、浙江、安徽，由山东过渤海湾入东三省，最后入山海关返京。这趟"旅行"，他一口气说了近一个小时，"走"遍大半个中国，每"到"一地，便用当地方言土语介绍名胜古迹和土货特产。这位被称为"中国语言学之父"的奇才会说33种汉语方言，并精通多国语言。他掌握语言的能力非常惊人，因为他能迅速地穿透一种语言的声韵调系统，总结出一种方言或者一种外语的规律。

赵元任一生中最大的快乐是到了世界任何地方，当地人都认他做"老乡"。"二战"后，他到法国参加会议。在巴黎车站，他对行李员讲巴黎土语，对方听了，以为他是土生土长的巴黎人，于是感叹："你回来了啊，现在可不如从前了，巴黎穷了。"后来，他到德国柏林，用带柏林口音的德语和当地人聊天。一位老人对他说："上帝保佑，你躲过了这场灾难，平平安安地回来了。"

1927年春天，赵元任在清华大学研究所担任指导老师时，曾到苏南、浙江专门调查吴语。经常是一天跑两三个地方，边调查边记录，找不到旅馆就住在农民家里。一次，他和助手夜间由无锡赶火车去苏州，只买到硬板椅的四等车票。由于身体太疲乏，上车后躺在长板座上就呼呼地睡着了。等醒来时，满车漆黑，往外一看，才知道前面几节车厢已开走，把这节四等车厢甩下了。助手问他怎么办？他说："现在反正也找不到旅馆，就在车上睡到天亮吧！"助手见他身体虚弱，劝他每天少搞点调查，他诙谐地说："搞调查就是要辛苦些，抓紧些，否则咱们就不能早点回家呀！将来不是要更费时间，也更辛苦吗？"

在那次调查吴语的行动中，他不辞劳苦，经镇江、丹阳、无锡，每站下车，再乘小火轮到宜兴、溧阳，又转回到无锡等地，冒着严寒，辗转往复，深入群众，记录了大量的当地方言。3个月后，回到北京，他把调查的材料写成一本《现代吴语的研究》。在出版此书时，语音符号采用国际音标，印刷厂没有字模，他和助手就自己用手写，画成表格影印，每天工作在10小时以上。《现代吴语的研究》是我国第一部用现代语言学方法研究方言的著作，赵元任因此被称为中国方言调查的鼻祖。

江苏风光（童之侠拍摄）

土木工程学家茅以升
与桥的不解之缘 39

茅以升（1896—1989），土木工程学家、桥梁专家、工程教育家，中国科学院院士，美国工程院院士。

茅以升出生于江苏镇江，不久，全家迁居南京。茅以升从小好学上进，善于独立思考。6岁读私塾，7岁就读于国内第一所新型小学思益学堂。茅以升从小就与桥结下了不解之缘。茅以升10岁那年，家乡举行龙舟比赛，看比赛的人都站在文德桥上，由于人太多把桥压塌了，伤亡很多。这个不幸事件沉重地压在他的心里，他下决心长大了一定要造出最结实的桥。从此，茅以升只要看到桥，他总是从桥面到桥柱仔细观察。他上学读书后，只要在书本上看到有关桥的文章、段落，就把它抄在本子上，遇到有关桥的图画就剪贴起来，积攒了厚厚的几本。

茅以升从小酷爱读书并善于读书。为了锻炼记忆力，他每天早上就站在河边背诵古诗、古文。河面上，风帆往来，渔歌阵阵，他能视而不见、听而不闻，完全沉浸在自己的世界里。天长日久，他不仅背熟了许多古诗、古文，而且有效地增强了记忆力。他爷爷用毛笔抄写古文，茅以升站在一旁默记。等爷爷搁下毛笔，他就把爷爷抄写的文章一字不漏地背了出来。他看到有篇文章把圆周率的近似值写到小数点后面100位，就决定背诵这些枯燥的数字来锻炼记忆力，后来他熟练地背了下来，而且直到他八十高寿时，他还能如此。

茅以升1916年毕业于交通部唐山工业专门学校（即唐山交通大学，今西南交通大学）。参加清华留美官费研究生考试，以第一名的成绩被保送赴美留学。1917年获美国康奈尔大学土木专业硕士学位，获康奈尔大学优秀研究生金质研究奖章。因为茅以升成绩特别优秀，从此康奈尔大学免试接收唐山交通大学的毕业生，他为母校赢得了很高的荣誉。

茅以升回国后，看到当时我国的大桥均为外国人所建，决心为中国人争气，架设中国人的大桥。1933年至1937年，茅以升任钱塘江大桥工程处处长，主持修建我国第一座公路铁路两用的现代化大桥——钱塘江大桥。

钱塘江水文地质条件极为复杂，江底的流沙厚达40多米，水势受上游山洪暴发的影响，还受下游海潮涨落的约束，若遇台风，江面更是呈现出汹涌翻腾之势。在钱塘江上架桥是一件非常困难的事情。建桥先要打桩。为了使桥基稳固，需要穿越40多米厚的泥沙在9个桥墩位置打入1400多根木桩，木桩立于石层之上。沙层又厚又硬，打轻了下不去，打重了断桩。茅以升从水可以把土冲出小洞受到启发，采用抽江水在厚硬泥沙上冲出深洞再打桩的"射水法"，使原来一昼夜只打1根桩提高到打30根桩，大大加快了工程进度。建桥遇到另外一个困难是水流湍急，难以施工。茅以升发明了"现代沉箱法"，将钢筋混凝土做成的箱子口朝下沉入水中罩在江底，再用高压气挤走箱里的水，工人在箱里挖沙作业，使沉箱逐渐下沉，当箱子沉到预定深度后，用混凝土填实，沉箱上再筑桥墩。放置沉箱很不容易，开始时，沉箱一会儿被江水冲向下游，一会儿被潮水顶到上游。后来把3吨重的铁锚改为10吨重，沉箱问题才得到解决。架设钢梁的时候，茅以升采用了利用自然力的"浮运法"，潮涨时用船将钢梁运至两墩之间，潮落时钢梁便落在两墩之上，省工省时，进度大大加快。

建桥末期，日军飞机常来轰炸。有一次，茅以升正在桥墩的沉箱里和工程师、监工员商量问题，忽然灯光全灭。原来是因为日军飞机轰炸，工地关闭了所有的电灯。钱塘江桥就这样冒着敌人的轰炸，克服重重困难，在1937年9月26日建成通车。钱塘江大桥向全世界展示了中国科技工作者的聪明才

唐山交通大学

智，展示了中华民族有自立于世界民族之林的能力。茅以升还把钱塘江大桥工地办成学校，吸收大批土木工程专业的学生参加工程实践，为国家培养了一批桥梁工程人才。后来我国重要桥梁工程如武汉长江大桥、南京长江大桥的主要负责人都曾经参加过钱塘江大桥建设。

钱塘江大桥建成后，沪杭与浙赣两条铁路连接起来，钱塘江两岸由天堑变通途，为抗日战争做出了贡献。1937年12月23日，为了阻止日军攻打杭州，茅以升亲自参与了炸桥。建桥纪念碑的碑文记录了这段悲壮的史实："时值抗日战争爆发，在敌机轰炸下昼夜赶工，铁路公路相继通车。支援淞沪抗战、抢运撤退物资车辆无数，候渡过江，数以数十万计。当施工后期，知战局不利，因在最难修复之桥墩上预留空孔，连同五孔钢梁埋放炸药，直至杭州不守，敌骑将临，始断然引爆。自携图纸资料，辗转后方。"为了阻断敌人，茅以升受命炸断了亲手建造的大桥，这是何等悲壮的义举。抗战胜利后，他又主持修复了大桥。1948年3月，大桥修复通车。

钱塘江大桥（童之侠拍摄）

40 建筑学家梁思成夫妇竭尽全力保护古建筑

梁思成（1901—1972），建筑学家。

梁思成一生致力于保护中国古代建筑和文化遗产，参与了人民英雄纪念碑、中华人民共和国国徽等作品的设计，他与吕彦直、刘敦桢、童寯（jùn）、杨廷宝合称"建筑五宗师"。为了记录和保留古代建筑文化，梁思成和妻子林徽因一起四处奔走，做了很多工作，做了很大努力。

梁思成的父亲梁启超因为参与戊戌变法逃亡日本，梁思成因此在东京度过了他的童年。后来，他进了当地的华侨子弟学校，那里特别重视对孩子们进行民族意识和传统文化方面的教育。这使得梁思成很小就产生了强烈的民族自尊意识，懂得为振兴中华民族而发奋努力。

梁思成热爱中国的古代建筑，对紫禁城的宫殿、天坛、颐和园、北海公园、景山公园以及全国各地的名胜古迹，如数家珍，他的一生一直在为保护文物而奔走。而他与妻子林徽因更是志同道合，一起致力于建筑事业。

1927年，梁思成、林徽因分别从美国宾夕法尼亚大学建筑系和美术系毕业；1928年，他们在加拿大结婚，1928年秋，他们应邀到沈阳东北大学创办我国北方的第一个建筑系。后来由于战乱，院系被迫南迁，早期东北大学建筑系虽然只有短短几年，却培养了一批卓有成就的建筑学者和大师。20世纪30年代初，梁思成与林徽因先后回到北京，从紫禁城、故宫着手，开启了他们挚爱一生的中国古建筑史研究，并取得了累累硕果。1930年到1945年，梁思成夫妇不辞劳苦，四处奔波，辗转很多地方去寻找古建筑遗迹。那时正值战乱，他们的考察又很多都在偏远的地方，实在是艰苦极了。交通不便，骡马都无法通行，经常需要人背着工具长途跋涉；环境恶劣，蚊虫众多，他们常常要忍着臭虫的叮咬进行工作；而很多古建筑由于失于保护，随时可能倒塌，在考察的时候，他们只能小心攀爬，时刻提防。外部环境艰苦的同时，他们还要面对繁琐而庞大的工作量。找到古建筑后，他们要进行一系列的拍照、测绘及后期大量材料的整理。就是在这种情况下，梁思成与林徽因对中国200多个县的古建筑进行了调查，很多古建筑都是通过他们的考察才得到了全国以及国际的认识，从此加以保护。他们测绘和拍摄了许多唐、宋、辽、金、元、明、清各代保留下来的古建筑遗物，包括天津蓟县（现蓟州区）辽代建筑独乐寺观音阁、宝坻辽代建筑广济寺、河北正定辽代建筑隆兴寺、山西辽代应县木塔、大同辽代寺庙群华严寺和善化寺、河北赵州隋朝建造的安济桥、五台山佛光寺等。

梁思成、林徽因这对贤伉俪，他们有着不寻常的家世和学识，他们本可以喝着咖啡、在校园中享受优渥的生活。可是，他们却为了中国的古建筑，一次次舍弃安宁，奔波于地处偏僻的山野之中。因为他们对这项事业的足够热爱，对祖国的深刻感情，才可以无畏地行走下去。

梁思成不仅是在建筑上卓有成就，在教育事业上也是桃李满园。梁思成在清华教学二十余载，为国家培养了大量优秀的建设人才，他在学风上要求严谨，在学术上平等待人；梁思成为培养人才，在学术上大公无私，他把全部知识都传授给年轻一代；他过去积累的和新获得的资料从不保密；他还将个人收藏的丰富的图书资料捐赠给了清华大学建筑系，让它们发挥更大的作用。梁思成先生一生追求真理，在学生们的心目中，梁思成是一座丰碑，是人格典范。

山西辽代应县木塔（童之侠拍摄）

北京城墙城门展（童之侠拍摄）

41 "万婴之母"林巧稚
数十年如一日勤勉工作

林巧稚（1901—1983），中国妇产科的主要开拓者，中国科学院院士。

林巧稚出生在原福建省思明县鼓浪屿的一个教员家庭。1908年，林巧稚上女子小学，之后就读于鼓浪屿女子高中。1913年她升入鼓浪屿高等女子师范学校。1919年毕业于厦门女子师范学院并留校任教。

1921年7月，林巧稚和女伴余琼英到上海参加北京协和医学院的考试。在考英语时，由于天气酷热难耐，余琼英中暑晕倒在考场，林巧稚立即中断考试，与另一女生将余琼英迅速抬到阴凉处，仅用十来分钟便迅速敏捷地处理完了这起突发事件。然而，回到考场，考试时间已过。但是，考官却发现了她难得的素质：会一口流利的英语，这对在协和学习至关重要；处理突发事件沉着、果断、有序，这是当医生不可缺少的；而且她的总成绩不低。主考官被她舍己为人的精神和她的才华所感动，破格录取她入学。

1921年北京协和医科大学落成，林巧稚考入该校。1929年，林巧稚从协和医科大学毕业并获医学博士学位，被聘为协和医院妇产科大夫，为该院第一位毕业留院的中国女医生。林巧稚在当助理医师的时候，就是一位出色的医生。一个深夜，协和医院遇到了一位子宫破裂流血不止的年轻妇女，林巧稚还是助理医生，无权处置这种病人，向科主任报告危急情况后，科主任让她自己做手术。她果敢地站上手术台，完成了她当医生的第一例大手术。手术的成功引起了医院更多人的注目。她被提前3个月由助理医生晋升为住院医生。

1932年，林巧稚被学校派往英国伦敦妇产科医院和曼彻斯特医学院进修深造。1933年，她到奥地利的维也纳进行医学考察；1939年，到美国芝加哥大学医学院读研究生。她用尽了实验室工作之外的所有时间，到有丰富资料的图书馆学习，中午拿面包充饥。除此之外，还广泛地参观了伦敦各家医院和科研机构，如蔡尔斯妇科医院、伦敦妇幼医院、伦敦妇婴医院等。参观了镭放射治疗中心站将先进科学技术应用于医学领域的设备，这启发了她的研究思路，奠定了她研究治疗绒毛膜上皮癌的基础。最后她又到英国皇家医学院妇产科学系，在自己的老师科主任的实验室内进行小儿宫内呼吸课题的研究，她的研究成果被推荐到伯明翰市举行的英国妇产科医学会议上交流，受到好评。1940年，林巧稚被美国方面聘请为"自然科学荣誉委员会"委员。同年回国，不久她升任协和医院妇产科主任。

1978年12月，林巧稚赴西欧四国访问期间，在英国因患缺血性脑血管病返回中国。在首都医院，经检查，她被确诊为高血压动脉硬化、脑血栓、心脏病。患病期间，她开始在轮椅上、病床上写关于妇科肿瘤的书籍，4年后50万字的专著《妇科肿瘤学》完成。1980年12月，林巧稚病情加重被送进医院，但她还坚持工作。此时，她早已不是住院医师，但她要求值班医生和护士，只要病人出现问题，即使是半夜也要马上通知她。

20世纪50年代，一位女工因新生儿溶血病连续夭折了三胎后写信向林巧稚求助。新生儿溶血病当时在国内还没有成活的先例。为了圆这位女工的母亲梦，林巧稚查遍国外最新的医学信息，提出和进行了大规模的妇科病普查普治，约有关专家座谈，创造出用脐静脉换血的方法治疗新生儿溶血病，填补了中国妇产科医学的空白。

她坚守在妇产科的岗位数十年如一日勤勉工作，用她的双手迎接过千千万万个新生命的到来。林巧稚终身未婚，没有子女，却是最富有的母亲；她是母亲和婴儿的守护神，她把自己的全部精力都奉献在孕妇和婴儿身上。

风光（童之侠拍摄）

42 不甘落后奋勇争先的中国克隆之父童第周

童第周（1902—1979），生物学家、教育家、社会活动家，中国科学院院士，曾任中国科学院副院长。

童第周是中国实验胚胎学的主要创始人，中国海洋科学研究的奠基人，开创中国"克隆"技术之先河，被誉为"中国克隆之父"。他出生于浙江省鄞县东乡童家岙（今宁波市鄞州区塘溪镇童村）一个农民家庭。幼年丧父，家境清贫，靠兄辈抚养。童第周17岁那一年想报考宁波效实中学。这所中学是浙江省的一所名牌学校，入学成绩特别高，而且只招收三年级插班生。家里人都劝他不要异想天开，童第周却胸有成竹地说："我拼上一个暑假，准行！"考试后，童第周果真被录取了。他成了效实中学有史以来第一个没有上过中学而考取三年级的插班生。不过，还是有许多人在猜测，像童第周这样的山村娃到底可不可以跟上进度。第一个学期过去了，童第周的平均成绩只有45分，英语考得更是糟糕。学校动员他退学或降级。他含着眼泪，一再向校长请求再跟班试读一学期。学校勉强同意后，他便以惊人的毅力去攻克学习难关。早晨天不亮他就悄悄起床，在路灯下读外语。夜里同学们都睡了，他仍然站在路灯下自学功课。学监发现了，关上路灯逼他进屋。他趁学监不注意，又跑到厕所外的灯下学习，把学监也感动了。就这样，第二学期他终于赶上来了，平均成绩70分，几何还考了100分。直到晚年，童第周还对此记忆犹新，他说："这使我知道，我并不比别人笨。别人能办到的，我经过努力也可以做得到。世界上的天才，是用劳动与汗水换来的。"

1930年，童第周开始了在比利时布鲁塞尔大学的留学生活。童第周的留学生活十分清苦，瘦小的他沉默地在生物学的天地里拼搏。有段时间，他的导师达克教授正在做青蛙卵子试验，需要把卵子外面的一层薄膜剥掉。在显微镜下，达克教授和助手们怎么也去不掉那层膜。童第周拿针把卵膜刺一下，卵瘪下去了，膜一下就剥开了。达克教授对这个学生所表现出的生物学天分感到十分欣喜。后来童第周在对棕蛙卵子受精面与对称面的关系的研究中，证明了对称面不完全决定于受精面，而决定于卵子内部的两侧对称结构状态。这项研究成果是具有开创性的，使他成为中国实验胚胎学的创始人之一。

1934年，童第周获得博士学位，后到英国剑桥大学做短期访问，年底，他不顾日本侵略军即将发动大规模侵华战争的危险，放弃国外可以安心工作和生活的条件，回到中国，任山东大学生物系教授。

童第周一直从事发育生物学的研究。早年，他在脊椎动物、鱼类和两栖动物的卵子发育研究方面有过独特的发现。从20世纪50年代开始，他又特别研究了在生物进化中占重要地位的文昌鱼的卵子发育规律，为国际上提供了重要的系统文献。

长期以来，人们认为决定生物遗传性状的，是细胞核内染色体上的基因。童第周认为，细胞质对生物遗传性状也起着明显作用，并提出生物的遗传性状是细胞核和细胞质间相互作用结果的观点。为了证实这个观点，他与牛满江进行了一系列实验。

春天是金鱼繁殖的季节，为了探索生物遗传性状的奥秘，年过花甲的童第周开始了新的探索。他选择了金鱼和鲫鱼作为他的实验材料。童第周想通过核酸诱导的试验来验证他的设想。金鱼排卵了，排出的受精卵比芝麻还小。童第周将提纯过的鲫鱼卵的核酸注入金鱼受精卵的细胞质内。他想看看鲫鱼卵的核酸对金鱼的受精卵是否有影响，看看由这种金鱼受精卵长大而成的金鱼的性状是否会发生变化。不久，这些由动过手术的受精卵产生的金鱼慢慢长大，在发育成长的320条幼鱼中，有106条由双尾变成了单尾，表现出鲫鱼的尾鳍性状。这说明从鲫鱼卵中提取的核酸对改变金鱼的遗传性状起着显著的作用。这也说明并不只是细胞核控制生物的遗传性状，细胞质也起着非常重要的作用。实验的成功证实了童第周的设想。后来国际生物学界用培育者的名字命名了这种具有特异性状的鱼——"童鱼"。"童鱼"的诞生，有力地证明了生物遗传性状是细胞核和细胞质相互作用结果的观点，并开创了人类按照需要而进行人工培养新物种的先例，对今后培育动植物新品种具有重大的意义。

宁波童氏宗祠（童之侠拍摄）

数学家和教育家苏步青 43
防空洞里坚持研究

苏步青（1902—2003），数学家、教育家，中国微分几何学派创始人。

苏步青出生在浙江省平阳县的一个山村里，他在童年时代割草、放牛、喂猪，干过很多农活。虽然家境清贫，但父母依然省吃俭用供他上学。1911年，他到离家100多里外的平阳县第一小学当了插班生，后来，考进浙江省立第十中学。1919年7月，刚满17岁的苏步青就在中学校长洪先生的资助下到日本留学，他仅仅经过一个月的日语补习，便在东京高等工业学校招生考试中，获得了优异的成绩，并被录取到该校电机系学习。

1928年初，苏步青在一般曲面研究中发现了四次代数锥面，论文发表后，在日本和国际数学界产生很大反响，人称"苏锥面"。从此，苏步青一边教学，一边做研究。研究主要集中在仿射微分几何方面，先后在日本、美国、意大利的数学刊物上发表论文41篇，有人称他为"东方国度上空升起的灿烂的数学明星"。

1931年初，苏步青回到阔别12年的故土，到浙江大学数学系任教。当时国内教学的条件很差，工资都发不出，在代理校长的帮助下，他克服困难，坚持教学和科研工作，还开创了数学讨论班。在抗日战争期间，学校西迁贵州，师生被迫躲在山洞里，这种情况下苏步青还坚持为学生举办讨论班。甚至，苏步青在躲避空袭时，还带着文献，在防空洞里坚持研究。苏步青还设计了一套现代化的教学计划，重视数学的基础训练，对学生要求严格，各门课程都有习题课，学生要上黑板算题，算不出就不能下去，称为"挂黑板"。

苏步青带着他早期的几位学生，坚持研究，产生了一系列重要成果。许多论文都在国际上很有影响的杂志上发表，在国际几何学界享有崇高的声誉，以苏步青为首的浙江大学微分几何学派已开始形成。苏步青看到了数学各分支之间联系的必要，贯彻因材施教的原则，决定让两名成绩突出的学生谷超豪和张鸣镛（yōng）同时参加"微分几何"和"函数论"两个讨论班。1942年11月英国驻华科学考察团团长、剑桥大学教授李约瑟参观了浙江大学理学院数学系，连声称赞道："你们这里是东方的剑桥。"

苏步青从事微分几何、计算几何的研究和教学70余载。他创建了中国微分几何学派，晚年创建开拓了计算几何新的研究方向。苏步青培养的学生中有多人成为中国科学院院士，可谓硕果累累。

浙江风光（童之侠拍摄）

待人坦诚友善的岑麒祥 44
精通多门语言

岑（cén）麒祥（1903—1989）生于广西合浦，中国著名的语言学家之一。

岑麒祥1921年毕业于省立廉州中学，毕业后考入上海商务印书馆附设函授学校英语科。1922年岑麒祥以名列榜首的成绩考入广东高等师范学校英语系，1926年毕业，入中山大学英语系三年级学习英语、法语、德语，同时兼任中学语文教师。1928年岑麒祥在中山大学首届毕业，随即留学法国。

20世纪20~30年代，法国的教育、科学事业非常发达，大学都办得有声有色，教学设施硬件软件齐全，一律对外开放，对全球学人有很大吸引力。当时中国的有志青年去法国留学形成一股潮流。1928年岑麒祥通过中法协会资助赴法留学考试，先在法国格勒诺布尔大学攻读法语，后在里昂大学学习。1931年转入巴黎大学，跟随巴黎大学语言研究所主任房德里耶斯学习普通语言学，跟随语音研究所主任傅舍学习语音学，跟随法兰西学院教授梅耶学习历史比较语言学，跟随民族所教授柯恩学习语言调查。

岑麒祥在巴黎大学专攻语言学的时候，冼星海在巴黎音乐学院专修提琴和作曲。有一次，在中国留学生大聚会时，冼星海打听到巴黎大学有位叫岑麒祥的同学是广东人（当时合浦隶属广东），经过几番周折终得相识。岑麒祥在法国时与冼星海成了最要好的朋友。作为独生子的冼星海称岑麒祥为大哥，岑麒祥则亲昵地叫他阿海。岑麒祥和冼星海亲如兄弟、情同手足，除了同为粤籍、同操粤语、同喜粤菜、同爱粤曲之外，他们年岁相近，志向相仿，他们有共同理想、共同信念，两人经常交流学习情况，交流思乡之情。后来，他们为互相照应，搬到同一幢楼住。冼星海住的是较为廉价的顶层，面积很小的半室。有几次他交不起房租，是岑麒祥替他支付的。岑麒祥年龄比他大一些，经济条件比他好一些，把他当作弟弟照顾。

当时在法国的中国留学生中，自费的多，公费的少，冼星海是自费到法国求学的，处境窘迫。岑麒祥和冼星海经常互相鼓励，有一次，岑麒祥鼓励冼星海说："人生之路，曲折如藤，人生之诗，壮丽如虹。你成了名家学子，到时不用你去找人，自然有人来找你。像你这样有才华、有才气的多面手，我认为最好是加入共产党。"岑麒祥还勉励冼星海说："你一定要坚定专业思想，不可动摇和松懈。"

1933年11月，岑麒祥在巴黎大学通过了严格的笔试和口试，取得由法国政府授予的国家文科硕士学位。大家都为他感到高兴。启程回国那天，冼星海帮他提行李，依依不舍地为他送行。

岑麒祥回国后，在中山大学文学院讲授语言学、语音学和方言调查。1935年，他任文学院教授。抗战胜利后，他在中山大学开办中国第一个语言学系，任系主任。1951年，他率中山大学文学院语言学系师生参加中央少数民族访问团到粤北和海南岛访问瑶、黎、苗等族，进行语言调查。1954年中山大学语言学系并入北京大学中文系，岑麒祥任北京大学语言学教授和语言学教研室主任。他在50多年的教学中培养了许多语言学人才，可以说是桃李满天下。

岑麒祥精通英语、法语、德语、日语、俄语和世界语，为研究语言学打下了深厚的基础。他从事教育事业和科学研究工作逾半个世纪，成绩显著。

北京大学（童之侠拍摄）

考古学家裴文中
发现北京猿人的头盖骨

45

裴（péi）文中（1904—1982），
史前考古学家、古生物学家，中国科
学院院士。

裴文中积极开展中石器和新石器时代的综合研究，为中国旧石器时代考古学专家，是北京猿人（北京人，中国猿人北京种）第一个头盖骨的发现者。他生于河北省丰南县（现丰南区）胥各庄镇的一个清贫的教师家庭。他从青少年时代起就追求进步，追求真理。他1921年考入北京大学预科，1923年转入本科地质系，1927年毕业于北京大学地质系。1928年参加北京周口店遗址的发掘工作，1929年在周口店发现北京猿人第一个头盖骨。该发现对研究世界古人类学有极重要

价值。

1929年的一个冬日黄昏，在周口店一处岩洞中，裴文中挖出了这块著名的头盖骨，他脱了上衣把它包裹起来，"像抱着一个婴儿似的"，小心翼翼地走回办公室。随后，他发出了一封考古史上著名的电报："顷得一头骨，极完整，颇似人。"后来，裴文中又确认石器、用火灰烬等的存在，为证实周口店是古人类遗址提供了考古学的重要依据。他主持山顶洞人遗址发掘，获得大量有价值的山顶洞人化石及其文化遗物。裴文中对考古的研究非常投入，甚至达到了忘我的境界。1932年，新婚后的第五天，裴文中就回到了周口店。第一个孩子出生时，他从野外赶回北京探望母子时手里还拿着一本专业书。抗日战争期间，日寇将裴文中逮捕、审讯和监禁，以追问北京猿人头盖骨化石的下落，但他始终保持高尚的民族气节。1940年10月他在燕京大学筹建"史前陈列馆"，陈列面积仅

120平方米，但馆中收集的史前古物极为丰富，其中大部分为他在周口店发掘所得，在史前考古学有重要价值。

裴文中认为，劳动手段遗物的研究是恢复社会生产发展状况的可靠物证，如何鉴定人工制品和非人工物，成为史前考古学理论和实践的关键。裴文中以敏锐的观察力和认真的对比实验，在周口店发掘中便从岩石痕迹上弄清了人工打击和自然破碎的区别，从而明确北京猿人石器的存在。裴文中对中国旧石器时代的文化体系和年代分期也做了开创和深入的综合研究。1937年美国费城举行了早期人类国际学术研讨会，会上裴文中宣读的《中国旧石器时代文化》，是中国学者首次发表的全面总结，引起了学术界的广泛重视。这篇论文把北京猿人文化、河套文化和山顶洞文化列为早、中、晚三个阶段，奠定了中国旧石器文化的分期基础，并指出它不同于欧洲的旧石器文化。裴文中对中国旧石器文化的体系和分期的论述领域的轮廓和基础，在中国旧石器时代的研究上具有划时代的意义。

北京周口店遗址（童之侠拍摄）

吕叔湘治学严谨 46
关心新一代人才的成长

吕叔湘（1904—1998），我国语言学界的一代宗师，近代汉语研究的主要奠基人。

吕叔湘一直从事语言教学和研究，涉及文字改革、语文教学、写作和文风、词典编纂（zuǎn）、古籍整理等广泛的领域。他出生在江苏省丹阳县（现丹阳市）。父亲经商，家境较富裕。吕叔湘幼年时在县城的一所私塾读书，1915年，考入丹阳县高等小学。这个学校教师水平高，教学认真，管理很严。这些为吕叔湘打下了良好的基础。1918年暑假，吕叔湘考入江苏省立第五中学，中学毕业后，他又以优异的成绩考取东南大学外国文学系。根据学校的制度，除本专业课程外，学生还必须在文科和理科的几组课程中选修若干学分，如中文、历史、物理、化学、地学、生物学、心理学等课程。所有这些都为他以后的教学和研究工作打下了基础。吕叔湘后来到苏州中学任教，在这里他阅读了一些语言学名著，为以后走上语言学研究的道路打下了基础。1935年，吕叔湘考取江苏省的公费留学，先后在牛津大学人类学系、伦敦大学图书馆学科学习。

吕叔湘治学态度严谨，他的著作理论联系实际，体现严肃认真的作风。无论是长篇巨著，还是一二千字的短文，他都要逐字逐句地仔细推敲，从不马虎敷衍。他在读书的时候，遇到有用的材料，从来不放过，他用卡片抄录下来，然后进行分类，方便查找，"说不定什么时候有用"。他的文章中常常有非常好的例子。有人问吕叔湘："这么巧的例子是怎么找来的？"吕叔湘坦率地说："说实话，找，未必找得来。这是还没有写这篇札记的时候就摘录下来的。"

吕叔湘非常关心中青年语文工作者的进步，通过开会、作报告、个别谈话、给他们修改文章、为他们的著作写序等多种形式，跟中青年语文工作者保持着密切的联系。

1955年，一位北京大学毕业生被分配到语言研究所工作。为了让他多方面了解语言学的各个领域，吕叔湘把他分到《中国语文》杂志当一年编辑。这位同志转入现代汉语研究室之后，吕叔湘发现他对宋元白话的研究有兴趣，就鼓励他在这方面努力，并且帮助他熟悉这方面的材料。这位同志在吕叔湘的指导下，一步一个脚印，踏踏实实地工作，可是就在他的研究将获成果时，他的资料意外被毁了，这使他对科研心灰意冷。有一天，他去看望吕叔湘，说起这件事。吕叔湘便说起他在南京东南大学上学时，著名生物学家秉志在那里教书。秉志用自己收集的大量生物标本武装生物系，在全国学界享有盛名。那年生物系发生一场大火，标本被烧光了。眼看自己前半辈子的成果毁于一旦，秉志并没有消沉，相反却更加努力地工作。后来，秉志再次收集齐全生物标本，并在生物学研究上做出了重大的贡献。吕叔湘说："秉志是这样做学问的。他意志多坚强！而你失去的仅是三年之中收集的资料，怎么能灰心呢？"

1958年，一位年轻人刚进语言所便急于出成果，以施展自己的抱负。吕叔湘看到这位年轻人搞研究还没有上路，今天抓这个小题目做一下，明天又换个题目写一篇，很为他着急。一天中午，他特地把年轻人叫进办公室闲聊。吕叔湘说："冰冻三尺，非一日之寒。做学问来不得急于求成！"年轻人脸红了。吕叔湘又接着说："你勤于思考和动笔，这是好的，但千万不要企图用小本钱做大买卖啊！做学问一定要讲究个'实'，要占有材料。"吕叔湘要求他系统而深入地读别人的研究论文，写提要、写札记、做卡片、锻炼做研究工作的基本功。1978年，这位年轻人写成了书稿，吕先生审读了以后，亲自写信把书稿推荐给一家出版社。第二年，年轻人的第一本著作问世，后来一版再版。这本书出版不久，吕叔湘又给他写了一封信，恳切地说："你的第一本书出版，这对于一个人的一生来说是个大事。希望出这本书以后，千万不要骄傲，要看到自己不足的地方。"

吕叔湘既是务实的，又不守旧，他对新生事物特别敏感。20世纪50年代，机器翻译在国外是门新学科,是随计算机的应用而发展起来的,只有美、苏、法等国在做这方面的研究工作,到1957年的时候,还不到十年的历史。这一年,吕叔湘大胆地派一位同志去国外学习机器翻译。

吕叔湘就是这样一位热情、严谨、关心年轻人成长的学者,他的优良学风和高尚品德受到学术界的普遍赞扬。

北京大学(童之侠拍摄)

47 语言学家周有光 五十岁改行发明汉语拼音

周有光（1906—2017），语言学家，是汉语拼音方案的制订者。

周有光生于江苏常州，十岁时随全家迁居苏州，入当时的新式学堂读书。周有光回忆说：读中学的时候，学校提倡国语，可是没有人讲国语，老师教书都是用方言。当时已经提倡白话文，老师也提倡，可是上课学的都是古文，写文章要写古文。但是有一位老师思想新，经常宣传白话文，对周有光接触新的事物有很大的帮助。

1923年，周有光考入上海圣约翰大学主修经济。1946年，周有光被新华银行派往欧洲工作，他发现欧洲人对语言学很重视，于是买了许多语言学的书自学。

1955年10月，时任复旦大学经济学教授的周有光到北京参加全国文字会议，为期一个月的会议结束后，组织上通知他到中国文字改革委员会工作。他回忆起当时的情景时说，"这真是一件出乎意料的事。当时，领导说：'你不要回去了，就留在文字改革委员会。'当时我说：'我是业余搞语言学、文字学的，我是外行，留下来恐怕不合适。'领导回答说：'这是一项新的工作，大家都是外行。'我就只好留下来了。就这样，我离开了经济学界，到了语文学界。"

这段"改行"的经历用他自己的话说是"既来之，则安之"。"这个'安'是要认认真真工作。改行要真正改行，就要深入语言学和文字学的研究。"

改行之后的周有光到中国文字改革委员会参加拟定拼音方案的工作，该方案于1958年正式公布。周有光主编的《汉语拼音词汇》成为电脑中文词库基础。周有光研究了现代汉语用字的定量问题，提出了汉字分级定量的思想，即定量、定形、定音、定序。他认为信息化时代的语言生活有两件突出的事情：一件是利用电子计算机处理语言文字，并发展为信息网络；另一件是国际共同语的发展。发达国家的目标是推进信息化，发展中国家的目标是追赶工业化和信息化。

1980年开始，周有光成为翻译《简明不列颠百科全书》的中美联合编审委员会和顾问委员会中方三位委员之一。1989年离休后，他继续在家中研究和著述。他永不止步、永不满足，活到老学到老。他思想独立，豁达睿智。他的很多观点清晰明了，能够引导人们看清纷繁复杂的现实世界。人们钦佩周有光，不仅是他的生命长度，更加在于他的生命质量。

周有光出版了40多本著作，其中一半左右是在退休以后完成的。尤其令人惊叹的是，他在百岁之后，仍笔耕不辍，100岁时出版《百岁新稿》，104岁时出版《朝闻道集》，105岁时出版《拾贝集》，以后又陆续有《周有光文集》《从世界看中国：周有光百岁文萃》《逝年如水：周有光百年口述》等著作问世。

对于自己的高寿，他认为在世界上不可能样样都是顺利的，做人胸襟要宽，不生气。多吃素食，少吃荤食，不吃补品。每天睡觉、吃饭、看书、写文章，生活有规律。周有光对物质生活要求很简单，不乱吃东西，不抽烟，不喝酒。他有一颗好奇心，活到老，学到老，工作到老。百岁以后，每月写一篇有深度的文章。他说读书和写作可以让一个人的大脑兴奋，减缓衰老。

在周有光110岁寿辰时，诗人邵燕祥称赞说："他是当代难得的智者、仁者和勇者。"中评网赞扬周有光"具有自由之思想，独立之人格，中国传统知识分子历史进退，匹夫有责的情怀，以及宁静淡泊，生活清贫简朴，思想无比富有的生活态度"。

48 费孝通不辞劳苦实地考察探索人类社会

费孝通（1910—2005），著名社会学家、人类学家、民族学家、社会活动家，中国社会学和人类学的奠基人之一。

费孝通诞生于苏州府吴江县（今苏州市吴江区）一个知识分子家庭。六岁入吴江县城的第一小学，开始读书。1923年，费孝通转入东吴大学附属一中，1924年开始发表文章。1928年，他高中毕业，升入东吴大学，一心想要悬壶济世的他选择了攻读医学预科。1930年，他认识到医学只能救治人的身体，但是最终造成人们贫穷的是社会，便转入燕京大学社会学系学习。在老师的影响下，费孝通认识到要想了解真正的国情，就必须通过田野调查，必须亲身到实地去考察，这个想法影响了费孝通的一生。

费孝通一生致力于社会学、人类学和民族学的教学和研究工作，坚持深入实际从事社会调查，为此也做出了很大的牺牲。1935年，费孝通与同在燕京大学社会学系就读的师妹王同惠举行了简单的婚礼。二人志同道合，在新婚后不久就一起应广西省政府之邀赴大瑶山做实地调查。令人想不到的是，他们为了深入调查，却在大山森林里迷了路，费孝通还误入了瑶人设下的"虎阱"，被木石压住，腿部受了重伤，不能行走。危急时刻，王同惠决定自己去找人来救费孝通，谁知道，她一走就再没有回来。费孝通最后被路过的村民救起，而王同惠则因为急于下山找人救他，坠崖落水而死，这时距他们结婚仅仅108天。丧妻之痛让费孝通深受打击，但是他却没有就此消沉。他说："她为人类学献出了生命，她的庄严牺牲使我别无选择地永远跟随着她。"第二年春，他便来到地处苏南的开弦弓村，他坐航船、走田头、进工厂、观商埠，进行了系统的社会调查。中国人类学的奠基之作《江村经济》就是这次调查的成果。这本书被誉为人类学实地调查和理论发展的一个里程碑。

1986年，费孝通写的文章《小商品，大市场》使温州人的形象在全国引起关注。1988年后，费孝通对中国西北地区、西南地区、黄河三角洲、长江三角洲、珠江三角洲、环渤海地区、中原经济协作区、淮海经济协作区、东北地区、京九铁路沿线地区等进行实地调查，就所调查的每个区域提出既符合当地实际，又具有全局意义的重要发展思路与具体建议，为改善中国的生产力布局、形成全国一盘棋的协调发展提供智力支持。

费孝通在担任领导职务期间，他把领导工作与学术研究、社会活动密切结合起来，通过开展区域发展战略研究，将参政议政工作提高到一个新的水平。他早年就树立了"志在富民"的理想，一生孜孜以求。他利用一切机会接触社会变革的实际，深入探讨中国乡镇企业和小城镇发展问题、边区与少数民族地区发展问题、城乡关系问题、区域发展问题等，发表了许多具有影响的论著，为改革开放和经济社会发展做出了贡献。

为中国农民找出路成为费孝通研述一生的大课题。费孝通三访温州、三访民权、四访贵州、五上瑶山、六访河南、七访山东、八访甘肃、27次回访家乡江村。他研究中国如何摆脱贫困走向富裕之路。他关心中国农村和少数民族的经济发展，关心农产品流通和农民增收问题，为中国农业和农村经济发展做出了重要贡献。

费孝通认为，社会学科学理性的精神，本身就是一种重要的人文思想，可以帮助社会的成员更好地认识、理解自我和社会之间的关系使人们提高修养、陶冶情操、完善人格，培养人道、理性、公允的生活态度和行为。

这位世纪老人在耄耋（mào dié）之年仍在不停地读书、思考、写作。在他晚年的文章中，我们可以读到将近一个世纪的光阴故事和中国文化的乡土气息。

49 华罗庚刻苦自学
成为中国著名的数学家

华罗庚（1910—1985），江苏金坛人，数学家，中国科学院院士，美国国家科学院外籍院士。

华罗庚是中国解析数论创始人和开拓者，被誉为"中国现代数学之父"，是中国在世界上最有影响的数学家之一，"华氏定理""华氏不等式"等数学科研成果均是以他的名字命名。但是，他小时候的数学成绩并不好，他意识到后便暗下决心，一定要赶上去。于是，一有空他就抱着数学课本看，找数学题来做，渐渐地他对数学产生了兴趣。在一个数学问题上，他常常会写出和别人不一样的解题方法。华罗庚的数学作业，经常有涂改的痕迹，很不整洁。老师开始时非常不满意，后来经过仔细辨别，老师发现华罗庚是在不断改进和简化自己的解题方法。

有一天，数学老师把课讲完，亮出了一道趣味题让大家去做。题目是："今有物不知其数，三三数之剩二，五五数之剩三，七七数之剩二，问物几何？"当其他同学还在冥思苦想时，华罗庚却很快举手回答："二十三！"李老师颇为惊讶，走过来询问："那你说说，你是怎么算出来的？"华罗庚陈述了他的思考演算过程："我是这样想的：这个数三三数之剩二，七七数之剩二，这道题的答案可能就是$3 \times 7 + 2$，我又一算，23用5除之正好余3，所以23就是所求的数了！"老师兴奋地告诉同学们："华罗庚的答案是正确的，演算的思路也是完全正确的。"从此，全班同学对华罗庚都刮目相看了。老师的鼓励又使得华罗庚在数学上加倍用功，于是，他的数学成绩便直往上冲。

初中毕业后，华罗庚去了上海，进入中华职业学校学习。这期间华罗庚对传统的珠算方法进行了认真思考。他经过分析认为：珠算的加减法难以再简化，但乘法还可以简化。乘法传统打法是"留头法"或"留尾法"，即先将乘数打上算盘，再用被乘数去乘；每用乘数的一位数乘被乘数，则在乘数中将该位数去掉；将乘数用完了，即得最后答案。华罗庚觉得：何不干脆将每次乘出的答数逐次加到算盘上去呢？这样就省掉了乘数打上算盘的时间。如：$28×6$，先在算盘上打上$2×6=12$，再退一位，加上$8×6=48$，立即得168，只用两步就能得出结果。对于除法，也可以同样化为逐步相减来做，节省的时间就更多了。凭着这一点改进，再加上他擅长心算，华罗庚在当时上海的珠算比赛中获得了冠军。

后来，因为家中的贫困，华罗庚的父母无力继续供他念书，华罗庚只好辍学回家，帮助父亲打理家中的那间小杂货铺，所以他一生只有初中毕业文凭。但华罗庚没有就此放弃学习，他开始了艰苦顽强的自学之路。此后，他用5年时间自学完了高中和大学低年级的全部数学课程。他为了能够多做几道数学题起早贪黑。邻居早起磨豆腐的时候，他已经点着油灯在看书了。夏天，他也很少到外面去，顶着高温在屋内学习，蚊子满天飞他也无所谓。冬天，他常常一边磨墨一边做数学练习。他在父亲的小店里打算盘，记账。顾客来了就招待，没有顾客就又拿起书来看，有时候做练习题太着迷，顾客来了，他也不知道。还有的时候，算得入迷，华罗庚竟将自己演算的结果，当成客人应付的商品价格。父亲知道后很是生气，有好几次要将他的数学书烧了，把他做过的练习草稿撕掉。每当这个时候他就死死地抱住自己的练习，不让父亲夺走。父亲很是生气，却也无可奈何。

在他18岁那年，华罗庚不幸染上伤寒，病势凶猛，家庭贫寒，无钱医治，华罗庚在床上躺了半年，才战胜了病魔，病虽然治好了，华罗康却留下了终身的残疾。在那迷茫、困惑，近似绝望的日子里，他想起了遭受膑刑后著兵法的孙膑。"古人尚能身残志不残，我才只有19岁，更没理由自暴自弃，我要用健全的头脑，代替不健全的双腿！"青年华罗庚就是这样顽强地和命运抗争。白天，他拖着病腿，忍着关节剧烈的疼痛，挂着拐杖一跛一跛地干活；晚上，他在油灯下自学到深夜。华罗庚正是由于勤思考，爱创新，不迷信权威，才最终靠刻苦自学成为一名大数学家的。

1930年，年仅20岁的华罗庚在《科学》杂志上发表了《苏家驹之代数的五次方程式解法不能成立的理由》一文，被清华大学数学系主任熊庆来教授看到。

熊庆来了解到华罗庚的自学经历和数学才华后，打破常规，让华罗庚进入清华大学图书馆担任馆员。1931年，华罗庚在清华大学数学系担任助理。在名家云集的清华园，华罗庚一边做助理的工作，一边在数学系旁听，还自学了英文、德文、法文，发表了多篇论文。

华罗庚一生发表了学术论文近300篇，解决了一些世界数学史上长期未能攻破的难题，为数学的发展做出了重大的贡献，为了更好发挥数学在社会主义建设中的作用，他还亲自到20多个省市普及数学方法。1979年以后，他多次到世界上多个国家进行学术交流，将自己在数学上的研究成果毫不吝啬地同国际同行分享。华罗庚也因此受到国际上很多数学家的赞赏。1985年，华罗庚受到日本亚洲文化交流协会的邀请，他前往日本访问。6月12日下午4时，华罗庚在东京大学数理学部进行演讲突发急性心肌梗死，于当晚逝世。这位为中国数学研究发展呕心沥血的数学家走完了自己坎坷、传奇的一生。

从小爱读书的陈省身
成为微分几何之父 50

陈省身（1911—2004），美籍华裔数学大师，首批中国科学院外籍院士，20世纪最伟大的几何学家之一。

陈省身生于浙江嘉兴秀水县。少年时就喜爱数学，他觉得数学很有趣又容易学。他喜欢独立思考，自主发展，常常自己主动去看书，不是老师指定什么参考书才去看。陈省身9岁考入秀洲中学预科一年级。这时他已能做相当复杂的数学题。1922年秋，父亲到天津法院任职，陈省身全家迁往天津。第二年，他进入离家较近的扶轮中学（今天津铁路一中）。陈省身在班上年纪虽小，却充分显露出他在数学方面的才华。陈省身考入南开大学那一年还不满15岁。他是全校闻名的少年才子，同学遇到问题都要向他请教，他也非常乐于帮助别人。一年级时有国文课，老师出题做作文，陈省身写得很快，一个题目往往能写出好几篇内容不同的文章。图书馆是陈省身最爱去的地方，常常在图书馆一待就是好几个小时。他看书的门类很杂，历史、文学、自然科学方面的书，他都一一涉猎，无所不读。

在南开大学，数学系主任姜立夫，对陈省身的影响很大。数学系1926级学生只有5名，陈省身和吴大任是全班最优秀的。吴大任毕业于南开中学，被保送到南开大学。姜立夫为拥有两名如此出色的弟子而高兴，开了许多高深的课，如线性代数、微分几何、非欧几何等。二年级时，姜立夫让陈省身给自己当助手，任务是帮老师改卷子。起初只改一年级的，后来连二年级的都让他改，另一位数学教授的卷子也交给他改。1930年陈省身毕业，1931年考入清华大学研究院，成为中国最早的数学研究生之一。

1932年4月应邀来华讲学的汉堡大学教授布拉希克对陈省身影响也很大，使他确定了以微分几何为以后的研究方向。在清华，陈省身曾经听过杨振宁的父亲杨武之的课，并且做过当时还是本科生的杨振宁的教师。1934年夏，他在清华大学研究院获硕士学位，成为我国自己培养的第一名数学研究生。同年他获得奖学金，赴布拉希克所在的汉堡大学数学系留学。1936年2月获科学博士学位；毕业时奖学金还有剩余，同年夏得到中华文化基金会资助，于是又转到法国巴黎研究微分几何。1936年至1937年在法国几何学大师嘉当那里从事研究。嘉当每两个星期约陈省身去他家里谈一次，每次一小时。"听君一席话，胜读十年书"。大师面对面的指导，使陈省身学到了老师的数学语言及思维方式，终身受益。陈省身数十年后回忆这段紧张而愉快的时光时说，"年轻人做学问应该去找这方面最好的人"。

陈省身是20世纪重要的微分几何学家，被誉为"微分几何之父"。微分几何是运用微积分的理论研究空间的几何性质的数学分支学科。微分几何与拓扑学等其他数学分支有紧密的联系，对物理学的发展也有重要影响。爱因斯坦的广义相对论就以微分几何中的黎曼几何作为其重要的数学基础。早在40年代，陈省身结合微分几何与拓扑学的方法，完成了两项划时代的重要工作，为大范围微分几何提供了不可缺少的工具。这些概念和工具，已远远超过微分几何与拓扑学的范围，成为整个现代数学中的重要组成部分。

航天事业的奠基人
钱学森回国建立功勋

51

钱学森（1911—2009），世界著名科学家，中国载人航天奠基人，中国科学院及中国工程院院士。

钱学森出生于上海，祖籍浙江省杭州市临安市（今临安区）。1923年进入北京师范大学附属中学学习。1929年考入铁道部交通大学上海学校机械工程学院，1934年毕业于国立交通大学（现上海交通大学和西安交通大学），6月考取清华大学留美学生。1935年进入美国麻省理工学院航空系学习，获麻省理工学院航空工程硕士学位，后转入加州理工学院航空系学习，成为著名科学家冯·卡门的学生。1938年至1955年，钱学森在美国从事空气动力学、固体力学和火箭、导弹等领域的研究，并与导师共同完成高速空气动力学问题研究课题和建立"卡门-钱学森"公式，28岁时就成为世界知名的空气动力学家。

中华人民共和国宣告成立的消息传到美国后，钱学森和夫人蒋英便商量着早日回国，为自己的国家效力。为了回国，钱学森先后辞去了在美国的一切职务，但美国并不想放他回国。

1950年，钱学森准备回国时，被美国官员拦住。当时美国海军次长声称：钱学森无论走到哪里，都抵得上5个师的兵力。移民局抄了他的家，将他拘留14天，直到收到加州理工学院送去的巨额保释金后才释放了他。后来，海关又没收了他的行李，包括800千克书籍和笔记本。钱学森在美国受迫害的消息很快传到中国，中国科技界的朋友通过各种途径声援钱学森。中国政府公开发表声明，谴责美国政府在违背本人意愿的情况下监禁了钱学森。

　　经过周恩来的不断努力，包括释放11名在朝鲜战争中俘获的美军飞行员作为交换。1955年8月，钱学森收到了美国移民局允许他回国的通知。同年9月，钱学森终于登上了轮船，踏上返回祖国的旅途。10月1日，钱学森一家终于回到了祖国。

　　1956年，钱学森提出建立我国国防航空工业的意见书，同时组建了中国第一个火箭、导弹研究所——国防部第五研究院并担任院长。他主持完成了喷气和火箭技术的规划，参与了近程导弹、中近程导弹和中国第一颗人造地球卫星的研制，领导了用中近程导弹运载原子弹"两弹结合"试验，参与制订了中国近程导弹运载原子弹的试验，参与制订了中国第一个星际航空的发展规划等。

　　在钱学森的带领下，1964年10月16日，中国第一颗原子弹爆炸成功，1967年6月17日，中国第一颗氢弹空爆试验成功，1970年4月24日，中国第一颗人造卫星发射成功。

　　在完成"八年四弹"的宏伟目标后，钱学森迫切希望将载人飞船的科研项目提上日程，他还将宇宙空间技术命名为"航天"。从神舟五号开始，每位从太空凯旋的航天员都会去拜访钱老，向这位中国航天奠基人报告好消息。

　　由于钱学森的毅然回国，中国导弹、原子弹的研发向前推进了几十年。因为他的卓越贡献，1999年，钱学森被授予两弹一星功勋奖章。

钱学森塑像
（童之侠拍摄于中国国家博物馆）

杨宪益夫妇翻译中国名著传播中国文化 52

杨宪益（1915—2009），出生于天津，祖籍淮安盱眙（今江苏省淮安市），翻译家、外国文学研究专家。

1934年，杨宪益从天津英国教会学校新学书院毕业，后到英国牛津大学墨顿学院研究古希腊罗马文学、中古法国文学及英国文学。杨宪益法国文学课的同学戴乃迭是英国人，她出生在中国，父亲是一位传教士，曾经在燕京大学教书，并为中国的地方工会工作过。在她的印象中，伦敦是灰蒙蒙的，而北京有各种好吃的和好玩的东西。可是当她再次回到中国，这里充满了战乱和贫穷，物资匮乏，人民流离失所，许多知识分子跟他们一样，怀揣一张任教的聘书，颠簸在深入内地的旅途上。

杨宪益在牛津毕业并取得荣誉学位后，便迫不及待地回国了。去的时候，他坐的是一等舱，回来时，他连路费都得靠变卖书籍和跟人借贷。不过，去的时候他是单身，回来时戴乃迭陪在他的身边。回国后，杨宪益夫妇不断地在中国西南的各个城市之间奔波，生活非常辛苦。

1943年，友人推荐他们去了梁实秋领导的国立编译馆。当时的国立编译馆只有将西方经典翻译成中文的工作，还没有人进行中文外译。事实上自19世纪末以来，与外文中译的繁盛景观形成鲜明对比，中文外译一直显得势单力薄。所以直到20世纪40年代，西方人对中国文史经典还几乎一无所知。梁实秋希望杨宪益夫妇能专门从事将中国经典翻译成英文的工作。当时杨宪益选择了翻译《资治通鉴》，由于战争原因，最终《资治通鉴》的英文译稿不幸丢失，没有出版，但这是中国学者主动向西方介绍文化典籍的最初努力，他俩的中文外译事业也从此开始起步。

1951年，英文版《中国文学》杂志创刊，标志着向西方社会系统介绍中国文学作品的开始。1953年，杨宪益任外文出版社翻译专家，与夫人戴乃迭合作翻译中国古典小说《魏晋南北朝小说选》、《唐代传奇选》、《宋明平话小说选》、《聊斋选》、全本《儒林外史》、全本《红楼梦》等。在这一时期，杨宪益夫妇以惊人的速度翻译了大量中文作品。杨宪益发现在翻译上他和戴乃迭有得天独厚的优势：杨宪益手捧中国的古典名著流畅口译，戴乃迭手下的打字飞一般地流动。杨宪益和戴乃迭以他们事业上和生活上的完美结合创造了一个中西文化亲密无间水乳交融的范例。几十年来，他们珠联璧合的合作使他们获得了"译界泰斗"的美誉。

1982年，杨宪益发起并主持了旨在弥补西方对中国文学了解的空白"熊猫丛书"系列。这套丛书里有《诗经》《聊斋志异》《西游记》《三国演义》《镜花缘》等中国古典文学经典，也收录了《芙蓉镇》《沉重的翅膀》以及巴金、沈从文、孙犁、新凤霞、王蒙等人的中国现当代文学作品。在半个世纪的时间里，杨宪益、戴乃迭联袂将中国文学作品译成英文，从先秦散文到中国古典小说，有百余种。戴乃迭的母亲曾对她说："如果你嫁给一个中国人，肯定会后悔的。"但戴乃迭没有后悔，她说："爱上了中国文化，才嫁给了杨宪益。"1999年11月18日，戴乃迭去世，杨宪益也停止了翻译工作。

杨宪益在读高中时看的英文书很多，其中有许多是欧洲文学名著的英译本，并不限于英美文学，包括古希腊诗歌，但丁的《神曲》，法国雨果等人的小说。1934年他去英国读希腊拉丁文学时，又读了许多各种各样的书，包括哲学、历史、人类等方面，什么都看。在中学和大学读书时，课余看的书比较多，中外古今都有。因涉猎的方面多，获得了广泛的文化知识，这在翻译工作中还是很有用的。他说："我遇到不少爱好翻译的年轻朋友，他们在翻译中感觉苦恼，往往是由于知识面太窄，缺乏各方面的广泛知识，这样英文语法再好，也翻译不出来原意。"

杨宪益做过几十年汉译英的翻译，回顾年轻时学习英语的经历，他说："初学英语时，需要有明确的目的和强烈的兴趣。像我年轻时那样，学习英文是为了用它作为工具，以便满足自己的求知欲望，可以尽量读自己强烈感兴趣的英文书，不限于某种名著，从哪方面开始都可以。主要是要多读、多写、多听、多说，时间久了，自然会有效果。"

现代主义建筑大师
贝聿铭的杰作遍全球

53

贝聿（yù）铭（1917—2019），美籍华人建筑师，被誉为"现代主义建筑的最后大师"。

贝聿铭出生于中国广州。他是苏州望族之后，曾在狮子林里度过了童年的一段时光，园林中那些中国传统建筑对贝聿铭后来的设计产生了很大影响。1927年，贝聿铭到上海就读青年会中学，高中就读于上海圣约翰大学附属中学。1935年，贝聿铭赴美国留学，先后在麻省理工学院和哈佛大学学习建筑。1945年，贝聿铭留在哈佛大学受聘为设计研究所助理教授。

1948年，贝聿铭从学术研究转向实际的建筑领域。纽约市房地产开发富商柴根道夫首次聘用华人为建筑师，请贝聿铭担任韦伯纳普建筑公司的建筑研究部主任。1960年，贝聿铭成立了自己的建筑公司。

1979年，中国政府邀请贝聿铭设计香山饭店。贝聿铭根据自己的一贯想法"越是民族的，越是世界的"，不辞劳苦地走访了北京、南京、扬州、苏州、承德等地，寻找灵感，搜集素材，最后采取了一系列不规则院落的布局方式，使香山饭店与周围的青山绿水、参天古树融为一体，成为体现浓郁中国风格的建筑。

1980年，法国总统密特朗邀请贝聿铭翻修有800年历史的卢浮宫。卢浮宫的设计对于贝聿铭来说是一个很大的挑战。当时，卢浮宫有7个部分，每个部分都是独立的。因为相互竞争着空间和资金，每个部分的负责人甚至不相往来。在重修时，贝聿铭建筑团队通过努力让7个部分统一成了一个整体。

21世纪贝聿铭再次回到中国。苏州博物馆作为他的封山之作，他将自己多年积累的建筑智慧结合东方的传统美学以及对家乡的情感全部融汇在这座建筑里，创造出了独具魅力的视觉之美。博物馆新馆的设计结合了传统的苏州建筑风格，把博物馆置于院落之间，使建筑物与其周围环境相协调。

贝聿铭说："光很重要。没有了光的变幻，形态便失去了生气，空间便显得无力。"在他的作品中光与空间的结合，使得空间变化万端，巴黎卢浮宫金字塔的入口把大量的光线引入博物馆，让过去的历史晒晒今天的太阳。透过透明的玻璃投射在空间与墙体、地面上，形成光的庭院。

贝聿铭在发展现代主义建筑的几何构成上做出了不朽的贡献。贝聿铭在继承现代主义建筑师的基础上丰富了几何构成，从而为流于僵化的现代主义建筑开拓了新的道路。他以丰富多彩的建筑作品，向人们表明，现代主义仍是有活力的，它绝不是一种机械主义，而是同样可以呈现多姿多彩的艺术形象。

巴黎卢浮宫玻璃金字塔的外部和内部（童之侠拍摄）

中国冰川学的
开拓者和奠基人施雅风

54

施雅风（1919—2011），江苏海门人，地理学家、中国现代冰川科学的开拓者和奠基人，中国科学院院士。

施雅风从小聪明，5岁上学。1934年初中毕业时，考上了省立南通中学和省立杭州高级中学，他选择了离家较近的省立南通中学。1937年，施雅风如愿考取第一志愿浙江大学史地系。因抗战爆发，入学后即过上颠沛流离的求学生涯。1938年1月，他随校来到江西樟树镇。9月迁广西宜山，接着又迁往贵州遵义。在这种情况下，他刻苦自励，学习用功，不是在教室听课，就是在图书馆自习，至大三已修完大学要求的学分。在大四一年中，施雅风自带生活用品，坚持每天步行三四十里到野外考察，掌握了遵义市附近地区大量地质地貌的第一手资料，写出了长达6万余字的毕业论文，受到指导教师的赞许和教育部的奖励。通过毕业论文的撰写，他初步掌握了在大自然中进行科学考察研究的方法，受益匪浅，为后来从事冰川研究打下坚实的工作基础。

在浙江大学求学时期，施雅风不仅亲身体验了颠沛流离的学生生活，更有机会受到了革命思想的启蒙。在校期间，他结识了中国共产党的地下党员吕东明。在多次交往中，受到革命思想的熏陶。1946年，因建设岷江电站需要，施雅风有机会去川西进行社会调查，看到了贫雇农受压迫和剥削的情况，思想上受到很大的震动。1947年，在中国共产党最艰难的时期，施雅风提出了入党的申请。吕东明对他说："入了党，你就要一切服从党安排，赴汤蹈火，在所不辞，你能做到？"施雅风坚定地表示："能做到！"

1957年6月，施雅风和两位年轻同事到甘肃河西走廊考察，准备穿过茫茫戈壁，并翻越祁连山西段而进入青海柴达木盆地。经过寸草不长的戈壁荒漠，深感祖国幅员辽阔，地貌丰富多彩，但严重缺水制约着大西北的经济发展，心中产生了必须改变现状的强烈责任感。

1958年，施雅风建立了一支高山冰雪利用考察队，去查明祁连山的冰雪分布。施雅风带领100余人向祁连山进发。险峻巍峨的祁连山，绵延千里，冰峰雪岭，重重叠叠，矗立在河西走廊的南边。他们先集中到一处较易接近冰川区的地域进行练兵，队员们穿着长筒胶鞋，手持登山冰镐，经过艰难跋涉，奋勇地登上一个山坡的一条冰斗的山谷冰川做考察。冰川考察初战告捷，施雅风对祁连山做进一步深入考察。当时设备简陋，没有登山靴，他们就穿高帮套鞋；没有轻便的羽绒服，他们就穿粗布老棉袄；没有精密仪器，他们就用手摇钻和罗盘；没有完整的地形图，他们就靠自己观察；队员们缺乏考察知识，就能者为师，互教互学。在施雅风带领下，考察队分为6个小分队，对祁连山东起冷龙岭，西至柴达木北山，包括10个冰川区，2个冰川群，100多个冰川组，900多条大小冰川，进行了全面的考察。

1959年至1962年，施雅风组织了天山山系的冰川考察研究。在乌鲁木齐河源冰川和水文方面的考察研究中，对冰川物理特征要素及从冰川到河流直到渗入

甘肃的奇特地貌（童之侠拍摄）

地下的水文形成和转化及消失规律等进行观察研究。

1964年，施雅风担任队长，共有14人组成的科学考察队向着当时世界上唯一未被征服的8000米以上的高峰——希夏邦马峰进发。当时的工作条件十分艰苦，科考队在海拔约5000米的地方建立大本营。虽然已经是四五月份了，但是山上还下着大雪，夜间气温往往在零下20多摄氏度。施雅风带领冰川组，进入冰塔林和冰洞考察，在海拔近6000米的地方打钻测温。山上不但寒冷，而且越往上走，缺氧问题也越突出。900米左右的高差要走6个多小时，而且随时都有可能遇到雪崩。时年45岁的施雅风带领队员登上了海拔高度在6200米左右的冰碛山顶，看到了最古老的冰川，获得了重大科考研究成果。

1973年，因冰川洪水冲毁连接中国与巴基斯坦的喀喇昆仑公路主排水道上的一座桥梁，经中巴双方协商同意，由施雅风带领一个考察组踏上巴基斯坦国土，对巴托拉冰川进行考察研究。在考察中，施雅风等人克服了物质生活条件上的困难，多次排除危及生命的意外险情，圆满完成了任务。经过细致考察与精确计算，施雅风主持提出了比较经济的喀喇昆仑公路巴托拉地段修复的建议，从而确定中巴公路修复方案。按建议方案施工后，并经多年考验证明，冰川的前进、冰面的增减和运动、速度等都与考察组的预报基本一致。

1988年，年近七旬的施雅风乘飞机环绕半个地球，经南美洲的智利飞抵南

雄伟壮观的冰川雪山（童之侠拍摄）

极大陆，到达建在乔治王岛上的中国长城科学站。15天南极冰川考察，施雅风始终保持旺盛精力和敏锐思维。极少有如此高龄的科学家踏上南极地区。

施雅风是中国冰川学的开拓者和奠基人，在几十年的科研生涯中，施雅风在现代冰川学方面获取了很大成果。他思想活跃，肯于钻研，持之以恒，锲而不舍，不仅做了大量的科研组织工作，而且身体力行，著述颇丰。材料学家、中科院院士薛群基说："他平易近人，很谦虚，从没有架子。年近70还亲自到南极考察，直到87岁高龄了，还坚持准时上班。这些年还经常上讲台进行学术交流、讲座，这个年龄还坚持在一线科学考察，真不多见。"

航天材料奠基人
姚桐斌的艰辛求学路

55

姚桐斌（1922—1968），导弹和航天材料专家，两弹一星功勋奖章获得者。

研制两弹一星，材料是关键。姚桐斌就是攻克材料难关的幕后英雄，他是导弹与航天材料工艺技术的开创者，中国航天材料奠基人。姚桐斌出生于江苏省无锡县（现无锡市）黄土塘镇，童年靠父兄做粮食生意的微薄收入读完了小学。由于学习成绩优异，在校长劝说下，他的父亲才同意他考初中。因家境贫寒，姚桐斌曾辍学两年，靠摆摊卖日杂品、做家庭教师和打零工维持生计。由于强烈的求知欲望，他带着做生意的一点儿积蓄，于1937年8月只身到上海，入私立成康中学、私立汇南中学读高中。后因缴不起住宿费和学费，处境艰难，他又同其他四位同学一起辗转到江西。1939年2月就读于吉安国立十三中学高中部，靠学校的贷款作为学习费用。高中毕业后靠校长资助，赴衡阳和长沙参加各大学的入学考试。

1941年，高中毕业会考，姚桐斌在江西省总分第一，被武汉大学、湖南大学、唐山交通大学等多所大学录取。他选择了唐山交通大学。唐山交通大学创立于1896年，当时叫山海关北洋铁路官学堂。1900年原校址被八国联军摧毁，1905年在唐山复校。1916年，教育部在北京举办全国高等学生成绩展览，参展的高等学校共71所，唐山交通大学名列第一。唐山交通大学被誉为东方康奈尔，培养出了73名国内外院士。当时担任校长的是著名桥梁专家茅以升。一位校友回忆说："1940年我考进唐山交通大学，我自认为在高中时成绩不错，成绩均在

90分以上，可是到了唐山交通大学，发现我的同学几乎都是各省会考的前一二名，真是人才济济。"

那时由于抗战，学校迁到贵州平越。在唐山交通大学四年的学习中，姚桐斌在极其艰苦的生活条件下，竭尽全力，勤奋学习，孜孜不倦，埋头苦读。抗日战争时期，流亡学生们大都贫苦，而姚桐斌是最清贫的学生之一。他们为避战乱而离乡背井、跋山涉水，来到了穷乡僻壤的平越古城。同是天涯沦落人，学生们虽无血缘关系，但却亲若兄弟，情逾手足，患难与共。在校期间，姚桐斌和志趣相投的同学童谦瑞成为好友，他们常常在一起谈论人生，探讨学术，互相鼓励，互相帮助。童谦瑞后来回忆说："桐斌给我的印象是一个非常严肃、认真、勤学苦读的好学生。从他的衣着来看，他的经济很困难，老是穿一件薄薄的灰色土布棉衣。晚自习时间，总见他一只手抱一大摞书，另一只手提一盏油灯，不知躲到什么地方独自一人用功去了，一直到很晚才回到宿舍就寝。不管是天晴还是下雨，不管天冷，还是天热，都是如此，从未间断过。学校迁到四川后，条件更差，那时宿舍只能睡人，连一张桌子也放不下，又没有电灯，有的人睡得早，但桐斌从未早睡过。"

受战争影响，1945年3月学校又迁至当时的四川璧山丁家坳，有公路通到那里。在公路边不远有几幢空着的房屋，原来是某单位用过的，附近有些农家，有一两栋很大的农家大屋。离这里一两公里路有一个小集镇，有各种商店。学校把空屋用作教室，农家大屋则用作宿舍，教授们也散居在附近农家内，就这样凑合着开起学来了。住宿条件比平越的差多了，一间二十多平方米的房间密密麻麻挤了十多架双层木床，没有桌子，每人只有一个床位的容身之处。晚上自习要提着油灯自行到教室或什么地方去占个位置"打游击"。好在那时已是四年级下学期，大学的最后半年。那时学生们身体都很衰弱。有一天午饭时在盛饭桶边，竟有人因营养不良一时性贫血而晕倒。而此时学生们思想却日趋激进，姚桐斌和童谦瑞在五月间邀集了几位志趣比较接近的同学组织了一个"兄弟英语研究会"，以学英语的名义交流一些思想和看法，内容当然涉及时局。研究会每周聚会一次，会上完全用英语交谈，每次有一个人做主要发言，然后展开讨论。这一活动大概持续到七月，因即将毕业，便结束了。临散前，与会成员七人同去小集镇照了一张集体照，留做纪念。并约定毕业后继续用英语通信联系。姚桐斌一直珍藏着当年他和童谦瑞等同学的照片。

1946年，姚桐斌以优异的成绩考上了公费留学。这个曾经连饭都吃不饱，中学也上不起的孩子，靠着自己的拼搏精神，一步一步走进了世界上的顶尖大学。他在伯明翰大学取得了博士学位，一年之后，他又获得了伦敦帝国理工学院的博士学位，之后就在伦敦大学从事研究和教学。姚桐斌在国外加入了中国共产党，还参加了爱国学生运动。伦敦警察署要他限期离开英国，但是不能回中国。于是他在当时世界著名的铸造学教授皮沃斯基的邀请下去了其在德国的研究所工作。1957年，姚桐斌决定回国，但是受到了德国政府的阻挠，经过周恩来总理的出面交涉，他才回到国内。聂荣臻点名让姚桐斌到导弹研究院工作，让他负责筹建材料研究所。这位才华横溢、热血沸腾的青年学者，怀着献身祖国导弹与航天事业的雄心壮志，回国后一直从事导弹与航天的材料、工艺技术的组织领导、研究和试验工作。无论是做火箭，还是做导弹，材料问题都是最关键的问题。姚桐斌提出，所有科研项目一定要材料先行。在他的带领下，航天材料研究所开展了500多项研究课题，他们研究的每一个课题都填补了当时我国材料领域的空白，在新型运载火箭和卫星型号研制中都获得了应用。因为有姚桐斌等前辈打下的良好基础，才有了后来的"神舟飞天""嫦娥探月"等辉煌的成就。

前排左二为童谦瑞，右二为姚桐斌

　　姚桐斌为我国航天事业的发展做出了巨大的贡献。文革期间，他不幸离世。1983年，姚桐斌被追认为革命烈士。他获得两弹一星功勋奖章，是国务院中央军委表彰的两弹一星功勋之一，在国家博物馆和中国科技馆里都永久展出他的照片。

“两弹一星”功勋，第三排左四为姚桐斌（童之侠拍摄于中国国家博物馆）

诺贝尔奖获得者
杨振宁恢复中国国籍 56

杨振宁（1922—），生于安徽合肥三河镇，杰出的物理学家，获得诺贝尔物理学奖。

在杨振宁的儿童时代，对他影响最大的是他的母亲，是母亲对他的启蒙教育。在父亲远渡重洋赴美国留学的日子里，母亲与杨振宁在家相依为命，她为家倾注了全部的爱。那时，军阀混战，她带着杨振宁生活在老家安徽合肥。当时合肥是兵家必争之地，军阀打来打去，炮弹时常落到杨家附近，在这种时候，母亲只能抱着小振宁跑到乡下或医院躲藏起来。当时形势恶劣，杨振宁没有机会接受系统教育，略懂些古文的母亲总是抽出时间教他认字。在他4岁时，母亲把纸剪成一个个方块，在上面写上字，只要是稍有闲暇就会抽出来让他去认。一年之间，母亲教杨振宁认识了3000多个汉字，使杨振宁一生受益。半个世纪后，他回忆说，"我在4岁时，母亲教我认方块字，花了一年多时间，共教了我3000多个字。现在我认识的字加起来，估计不超过那个数的两倍。"

杨振宁5岁时，母亲专门请了一位老先生教他读古文。老先生教的是《龙文鞭影》，"龙文"是良马，"鞭影"即奋蹄疾驰，不须驱策。这是一本中国古代传统的启蒙读物，四言韵文文体，读来朗朗上口，其中还有许多自然知识和历史典故。杨振宁凭借熟识3000多字的功底，很快就把《龙文鞭影》背得滚瓜烂熟了。从那里他学到了古文，还受到了自然知识的熏陶。小时候的杨振宁对世界充满了好奇。他的弟弟记得有一次哥哥带他一起去看仙人掌，杨振宁用筷子转动花心，之后发现花心自己能转回来，于是他认为植物也有神经，但是跟人的不一样。

杨振宁青少年时期正处于战争期间，原本幸福美满的家庭，只能逃离家园躲避战争，过着颠沛流离的生活。杨振宁随全家经广州、香港、越南河内辗转抵达昆明，入读高中二年级。那个时候的杨振宁为了能够学习知识，每天凌晨三点就起床背书。

功夫不负有心人，1938年秋天，杨振宁以高二学历参加考试，被西南联大录取。后来，杨振宁又凭借着优异的成绩取得了清华大学硕士学位。为了能够开阔视野、增长见识，杨振宁选择赴美留学。在美国期间，杨振宁将全部身心投入学业。1948年，他获博士学位。1949年，杨振宁进入普林斯顿高等研究院进行博士后研究工作，在粒子物理学、统计力学等领域做出了贡献。1957年，他与李政道因为提出宇称不守恒理论，共同获得诺贝尔物理学奖。

杨振宁1964年成为美国公民，1971年回国访问，他是美籍知名学者访问新中国的第一人。回到美国后，他在美国多个城市演讲，许多美国人因受他的影

西南联大旧址

响，对中国持友好态度。

杨振宁1999年退休，2003年他的夫人去世。2003年底杨振宁回国定居。2004年9月，81岁的杨振宁在清华大学开始为本科生讲授普通物理。他说："每一次课前，我要花两个小时认真备课。"杨振宁还在海南大学捐资设立了特困优秀生奖学金，用于资助海南大学20名品学兼优的特困生顺利完成学业。2017年8月杨振宁恢复了中国国籍。

杨振宁是一位严谨的科学家，却从不是一个刻板的人。杨振宁性格开朗，朋友众多。有人说杨振宁是一个"有孩子般天真个性的人"。他兴趣很广泛，也乐于倾听别人的表达，随时随地都很喜欢动脑筋。杨振宁做研究的时候，一些问题想不出来，就索性放下，唱两句歌，出去兜一圈回来再继续。杨振宁常说，"科学家就是在外人感觉最枯燥的物理研究中，也能看到中国山水画的诗情画意，感受到物质运动中体现的爱憎力量；如果没有这些感觉，就不可能有激情，就不可能有真正的研究"。杨振宁认为读书可以当药，"读书不仅可以增知识，长学问，博学多才，也可以防治疾病，养德健身。许多疾病来源于不良的情绪和不良的品行"。

57 "两弹一星"元勋
邓稼先不顾辐射捡弹片

邓稼先（1924—1986），理论物理学家，核物理学家，中国核武器研制开拓者和奠基者，被追授"两弹一星功勋奖章"。

邓稼先出生于安徽怀宁，抗日战争时期，邓稼先小学、初中辗转多所学校，在北京读至高二后，到昆明读补习班，高三从四川毕业，17岁进入西南联合大学学习物理学。毕业后赴美国普渡大学，通过博士论文答辩时，邓稼先年仅26岁。1950年10月，邓稼先放弃了国外优越的工作条件和生活环境，回到祖国。一到北京，他就同他的老师王淦昌等投入中国近代物理研究所的建设。

1956年，邓稼先与何祚庥等在《物理学报》上发表了系列论文，为我国核理论研究做出了开拓性的工作。邓稼先和周光召合写的《我国第一颗原子弹理论研究总结》是一部核武器理论设计的开创性著作，总结了百位科学家的研究成果，这部著作对以后的理论设计起到了指导作用，还是培养科研人员入门的教科书。

邓稼先去世后，他的夫人许鹿希回忆说："那是1958年的8月，那天晚上他回来比较晚，他说他要调动工作了，我问他调哪儿去，他说不能说，做什么工作，也不能说。"从这一天起，邓稼先的身影从人们的视野里隐去，邓稼先的名字从所有学术刊物上消失，他的身影只出现在严格警卫的深院和大漠戈壁。邓稼先怀着以最快速度把事业搞上去的决心，带着一批刚跨出校门的大学生，日夜搬砖拾瓦搞试验场地建设，在乱坟岗里碾出一条柏油路来，在松树林旁盖起原子弹教学模型厅；在没有资料，缺乏试验条件的情况下，邓稼先挑起了探索原子弹理论的重任。为了当好原子弹设计先行工作的"龙头"，他带领大家刻苦学习理论，靠自己的力量搞尖端科学研究。

在原子弹、氢弹研究中，邓稼先领导开展了基础理论研究，完成了原子弹的理论方案，并参与指导核试验的爆轰模拟试验。在艰苦的条件下，邓稼先他们冒着酷暑严寒日夜加班。而邓稼先在试验场度过了二十多年远离家人的单身汉生活，有15次在现场领导核试验，从而掌握了大量的第一手材料。1959年，邓稼先选定中子物理、流体力学和高温高压下的物理性质这三个方面作为研制我国原子弹的主攻方向。选对主攻方向是邓稼先为我国原子弹理论设计工作做出的最重要贡献。

1964年10月，中国成功爆炸的第一颗原子弹就是由他确定的设计方案。他还率领研究人员在试验后迅速进入爆炸现场采样，以证实效果。原子弹试验成功后，邓稼先又组织力量探索氢弹设计原理，选定技术途径，领导了中国第一颗氢弹的研制工作，并于原子弹爆炸后的两年零八个月试验成功。这同法国用 8年零6个月 、美国用7年零3个月、苏联用6年零3个月的时间相比，创造了世界上最快的速度。

在一次空投预试中，核弹从飞机上下来，降落伞没有打开，直接掉在地上，没有爆炸，但摔碎了。这是一次后果严重得难以预测的事故，核弹非得找回来不可。因为没有准确的定点，一百多个防化兵去找都没有找到。邓稼先就要亲自去找，吉普车走走停停，终于在戈壁深处他找到了摔坏的核弹。当他用双手捧起碎弹片时，自己也受到了严重的辐射。

1986年7月29日，邓稼先全身大出血，医治无效，永远离开了这个世界。在生命的最后时刻，邓稼先对妻子说："假如生命终结后可以再生，那么，我仍选择中国，选择核事业。"

邓稼先的父亲邓以蛰曾任

全家

清华大学及北京大学文学院教授，与杨振宁父亲杨武之是多年之交。两家祖籍都是安徽，在清华园里又成为邻居。邓稼先和杨振宁从小结下了深厚友情。1941年，邓稼先在西南联大学习四年，杨振宁也在同校读物理系。有人曾经问邓稼先："您研究原子弹成功之后，得到了多少奖金？"邓稼先总是笑而不答。直到1985年6月他病重时，杨振宁到医院看望他，提起了这件事，他才说出奖金是"原子弹10元，氢弹10元。"

杨振宁说："邓稼先是中国几千年传统文化所孕育出来的有最高奉献精神的儿子。"

流体力学家童秉纲
自学成才教书育人

58

童秉纲（1927—2020），流体力学家、教育家，从教55年，在生物流体力学、航天器热防护气动热力学等前沿领域做出了创造性工作。

童秉纲出生于江苏省张家港市，1950年毕业于南京大学工学院机械工程系，1953年于哈尔滨工业大学力学专业研究生毕业并留校任教，1961年到中国科技大学工作。

童秉纲从事的流体力学研究是在他45岁才开始起步的。流体力学是力学的一个分支，是研究流体现象以及相关力学行为的科学。流体力学可以按照研究对象的运动方式分为流体静力学和流体动力学，前者研究处于静止状态的流体，后者研究力对于流体运动的影响。上大学时，童秉纲没有学过流体力学，后来因为工作需要，就开始自学。什么都要从头学起，很多东西不懂，他就经常向人请教，向比他年轻得多的人请教，并没有觉得不好意思。每天他都到图书馆阅读相关书籍，查找资料，认真记笔记，经过刻苦努力的学习，他终于自学成才。

童秉纲一直坚守在教学第一线。他讲课思路清晰，论证严密，深入浅出，把玄奥的理论讲得通俗易懂，极大地调动了学生的学习兴趣。他还先后组织编写了多种教材。60多岁时，他仍给研究生开出新课。他特别重视研究生的培养，他对每一个研究生都根据不同情况提出不同的培养和使用要求，从科研思想、基本训练、方向选择、课题确定直至参考资料都给予具体规定，严格要求。对他们写的论文，他仔细审查，一丝不苟。让新的研究生沿着已毕业的学生的研究方向继续做下去，是一种既省力又稳妥的方法，但是，童秉纲却为每一个研究生选择了不同的研究方向，让他们在新的领域钻研。强将手下无弱兵，童秉纲精心指导的研究生们个个都有扎实的根基和求实创新的风格。

童秉纲在执教生涯中，始终坚持"要给学生一勺水，自己就要有一缸水"的观点。

20世纪70年代，由于我国独立研制战术、战略导弹武器的急需，童秉纲在国内率先开辟了一个重要研究领域：飞行器动态飞行时空气动力学特性研究。对于先进飞行器的设计来说，这是一个重要的课题，又是一项很难的课题。童秉纲领导研究小组开拓和发展了一整套从低速到高速的飞行器动态气动特性的分析方法。童秉纲不满足于直接把国外的方法拿来解决国内的问题，他要努力创新，在理论上有所建树。他总结的一套分析方法处处反映出理论上的新思路，成为这个领域国内公认的学术带头人，多次应邀到国际进行学术交流。

21世纪，我国实现了载人飞行器的飞行。对于这个宏伟的航天工程，防热问题是关键，而准确地预估因为空气动力造成的飞船表面的加热率又是防热设计的前提条件。童秉纲以敢啃硬骨头的勇气和另辟蹊径解决难题的巧妙构思，成功地用较少的计算机资源准确地计算航天器的气动加热率。多年来，他对科研的执着追求保持着旺盛的精力。他年过70，仍不断努力，从不松懈，长期潜心于前沿领域，取得突破性的科研成果，充分体现了一个科学家敢于争先和锲而不舍的治学精神。

童秉纲重视道德修养。在新生入学会上、与研究生谈心时、同工作人员座谈时，他都表达了将道德置于文章之先，认为身教重于言教。他一直用良好的道德做人，备受广大师生的尊敬和爱戴，成为德高望重的长者。

童秉纲说："人生是短暂的，一个人活100岁，也就36500天。要争取光阴，人活在世上，总得干点事情。名和利都是过眼烟云。"他的格言是"不畏曲折，锲而不舍，谋事在人，成事在天"。童秉纲1997年当选为中国科学院院士。他说，"我天天念经，没有想到要立地成佛，荣誉只是水到渠成"。

袁隆平扎根田间
研究杂交水稻六十载

59

袁隆平（1930-2021），农业科学家，被誉为"杂交水稻之父"，"共和国勋章"获得者。

民以食为天，保障粮食供应是头等重要的大事。人类在漫长的生息绵延过程中从未停歇过对粮食的渴望。袁隆平的杂交水稻让中国和世界人民远离饥饿。袁隆平是江西省九江市德安县人，1930年9月出生于北京。他长期从事研究与发展杂交水稻的工作，被誉为"世界杂交水稻之父"。袁隆平在学校学习期间对学术孜孜以求，他阅读了国内外多种中外文农业科技杂志。但是袁隆平对权威学者并不盲从，他常把搜罗到的各国学术书籍仔细研究分析，最后得出自己的结论。大学毕业后，他远离了繁华的都市，选择了偏远的湘西农村。在农校教书的日子里，他利用课余时间走出课堂，走向田野。

20世纪60年代初，袁隆平在农校试验田意外发现了一株特殊性状的水稻。就是因为这次偶然的机会，他萌生了培育杂交水稻的念头。袁隆平培育杂交水稻的设想与传统的经典遗传学观点相悖，许多权威学者认为他是蚍蜉撼树，周围充斥着嘲笑声。但他在反复思考之后，更加坚定自己的想法。为了找到理想的稻株，他吃了早饭就下田，带着水壶与馒头，手拿放大镜，一垄垄、一行行、一穗穗，大海捞针般在几千几万的稻穗中寻找。烈日当空，农民在树下歇息，袁隆平依然头顶烈日，在田里劳作。他带助手到海南开展试验，连续7年春节都在外面度过，遇到台风暴雨天气，他们就卸下门板，将秧苗抱到门板上转移到安全的地方。就是凭着这种坚韧不拔、勇敢顽强的意志，他们勘察了14万余株稻穗，经过两年的探索、试验和研究，终于写成引起国内外科技界高度重视的论文。从此，杂交水稻伴随了袁隆平的一生，成为他毕生不懈追求的事业。1974年，袁隆平试种的"南优2号"杂交稻亩产超过500千克，与常规稻相比增收30％以上。2016年，袁隆平在兴宁实现双季超级稻一年亩产约1500千克，创双季稻产量世界纪录。2018年，三亚水稻国家公园测得亩产约1065千克，创下海南省水稻单产历史最高纪录。2020年11月，杂交水稻双季亩产突破1500千克的目标实现了，袁隆平又提出了两个"小目标"：一个是争取早日实现杂交水稻双季亩产2000千克，一个是希望能够将"三分地养活一个人"变成"两分地养活一个人"。

袁隆平生活很节俭，到商场去购物，专挑便宜货买，价钱高的东西他不感兴趣。有一天，他逛商场，看到货柜里有打折到10块钱一件的衬衫，他说，太便宜了，加2块吧，12块一件。他接着说，"这样的衬衣我穿起来很好，下田的时候穿起来方便，不用担心弄脏了"。袁隆平对自己清心寡欲，对社会却极为慷慨，他将在国际上获得的大奖的奖金都捐赠给了以他的名字命名的农业科技奖励基金会，以表彰对农业科研有贡献的人。此外，他还出资捐助教育事业。在袁隆平看来，金钱的多少无非是一个数字，他说："钱是要有的，要生活，要生存，没有钱，饭都吃不上，是不能生存的。但钱够一般日常生活开销，再小有积蓄就行了，对钱不能看得太重。倘若对钱看得太重，被金钱蒙住了眼睛，就容易迷失自我，成为一个对社会、对他人漠不关心的自私的人，人要是成了金钱的奴隶，活着还有什么意思呀。"

曾经有人问袁隆平："大家称您为'杂交水稻之父'，当初您为什么学农，为什么会走上研究杂交水稻这条路呢？"袁隆平直率地回答说："学农缘于一次偶然：小学一年级时一次郊游，老师带我们到一个私人园艺场去参观，我看见树上的桃子红红的，葡萄一串一串的，花也很漂亮；正好那时，卓别林主演的电影《摩登时代》上演，影片里有一个镜头，窗外就是葡萄，这些印象加起来，我感觉田园确实太美了，就想长大后学农，如果那时老师带我们到真正的农村去看，那我就不会学农了。"其率真的回答，赢得了大家的掌声和笑声。因为这个偶然的选择，袁隆平至今已在田间忙碌了六十多个春秋了。

袁隆平致力于杂交水稻研究，是我国杂交水稻研究领域的开创者和带头人，为我国粮食生产和农业科学的发展做出了卓越贡献。袁隆平热爱祖国、品德高尚，他的成就和贡献在国内外产生了强烈的反响。他2000年荣获了国家最高科学技术奖，2019年被授予"共和国勋章"。

共和国勋章获得者 60
屠呦呦用一株小草拯救百万生命

屠呦呦，药学家，首位获得诺贝尔奖的中国本土科学家，2019年获授"共和国勋章"。

屠呦呦1930年出生于浙江省宁波市，她60多年致力于中医药研究实践，创制出新型抗疟药青蒿素和双氢青蒿素，挽救了全球范围特别是广大发展中国家数以百万计患者的生命。她走上药学之路与早年的身体因素有关。16岁那年，屠呦呦不幸染上肺结核，被迫中止学业，历经两年多的治疗调理才好转。这段经历使屠呦呦对医药学产生了兴趣。"医药的作用很神奇，我当时就想，如果我学会了，不仅可以让自己远离病痛，还可以救治更多人，何乐而不为呢？"

作为一名药学专业学生，屠呦呦考入北大医学院时就和植物等天然药物的研发应用结下了不解之缘。从1955年进入中医研究院以来，她几十年如一日，埋首于深爱的事业中。屠呦呦入职时正值中医研究院初创期，条件艰苦，设备奇缺，实验室连基本的通风设施都没有，经常和各种化学溶液打交道的屠呦呦身体受到损害，一度患上中毒性肝炎。

疟疾是全世界最严重的传染疾病之一，长期威胁人类的健康与生命。1967年5月23日，我国启动了"疟疾防治药物研究工作协作"项目，代号为"523"。由于恶性疟原虫对氯喹为代表的老一代抗疟药产生抗药性，如何发明新药成为世界性的棘手问题。屠呦呦被任命为"523"项目中医研究院科研组长。

要在设施简陋和信息、渠道不畅的条件下短时间内对几千种中草药进行筛选，其难度无异于大海捞针。但这些看似难以逾越的阻碍反而激发了屠呦呦的斗志：通过翻阅历代本草医籍，四处走访老中医，屠呦呦终于在2000多种方药中整理出含有640种草药、包括青蒿在内的《抗疟单验方集》。

青蒿是中国南北方都很常见的一种植物，郁郁葱葱地长在山野里，外表朴实无华。在最初的动物实验中，青蒿的效果并不明显，屠呦呦的寻找也一度陷入僵局。屠呦呦转向古老的中国智慧，在经典医籍中细细翻找，葛洪《肘后备急方》中的几句话突然吸引了她的目光："青蒿一握，以水二升渍，绞取汁，尽服之。"屠呦呦恍然大悟，意识到问题可能出在常用的"水煎"法上，因为高温会破坏青蒿中的有效成分，她随即采用低沸点溶剂进行实验。

青蒿素从发现到应用，历尽了艰辛。在190次失败之后，1971年10月4日，在第191次低沸点实验中，样品对疟原虫的抑制率终于达到100％！接下来需要进行试用。当时还没有关于药物安全性和临床效果的评估程序，唯一的办法是在自己身上进行实验。1972年7月，在北京东直门医院屠呦呦和同事们冒着生命危险以身试药。在医院严密监控下，一周的试药观察获得了让人惊喜的结果：没有发现这种提取物对人体有明显毒副作用。

1972年，研究人员从这一提取物中提炼出抗疟有效成分——青蒿素。1992年，针对青蒿素成本高、对疟疾难以根治等缺点，屠呦呦又发明出双氢青蒿素这

青蒿园（童之侠拍摄于广东罗浮山）

一抗疟疗效为前者10倍的"升级版"。

疟疾这种疾病传染性极强，如果没有青蒿素，每年最少有几百万人死亡。以青蒿素为基础的联合疗法，是目前对付疟原虫最有效的疗法。在贫穷的非洲地区，疟疾发病率奇高，青蒿素价格低廉，每个疗程仅需几美元，青蒿素提炼的成功以及其深入研究使用，给更多人带去生的希望。迄今为止，以青蒿素为基础制成的复方药已经挽救了全球数百万疟疾患者的生命。世界卫生组织数据显示，从2000年到2015年，全世界因疟疾死亡的人数减少了近一半。

2015年，屠呦呦被授予诺贝尔生理学或医学奖，是中国医学界迄今为止获得的最高奖项，2017年1月，国务院授予屠呦呦研究员"国家最高科学技术奖"2019年，屠呦呦获授"共和国勋章"。尽管收获了很多荣誉，但在很多场合，屠呦呦都不止一次表示过"荣誉属于集体"。

2008年，屠呦呦在化学工业出版社出版了迄今为止她唯一的专著《青蒿及青蒿素类药物》，而一向低调的她，面对蜂拥而至的采访说："我只愿用此书与世界对话！"

今天，年过九旬的屠呦呦把为中医药事业培养更多的后继人才定为她的新目标。

61 环境生态学家金鉴明
晚年坚持工作讲学

金鉴明（1932—2017），出生于浙江省杭州市，环境生态学专家，中国工程院院士，国际欧亚科学院院士。

受全球气候变化与人类活动的影响，生物多样性正以前所未有的速度丧失。自19世纪70年代以来，全球已经丧失了40%的动物种群、20%的红树林以及40%的珊瑚礁。2008年，中国荒漠化土地面积近264万平方公里，占国土面积的27.5%；沙化土地约174万平方公里，占国土面积的21.2%。

金鉴明是生物多样性保护研究、物种移地、就地保护工程和自然保护区设计、建设工程等领域的开拓者和奠基者之一，他在环境工程学科领域中做出了重大贡献和富有创造性的成就。他参加了"南水北调工程"生态环境防治工作，为统筹流域治污与经济、社会协调发展的"治、用、保"流域污染综合治理技术体系提供策略。他在生态定量化的研究和应用，辽宁蛇岛保护区的建设、广西花坪林区生态定位站的研究、广西容县农业区划、全国14碳脂肪酸植物资源研究和产业化、南药穿心莲北移研究、北京留民营生态农业以及麋鹿回归大自然的遗传生态工程的设计等许多方面都做出了贡献。

金鉴明说过，世界正遭遇全球性物种灭绝危机，人类活动所造成的物种灭绝速度是自然条件下的1000倍。他呼吁：保护生物多样性，因为"生物多样性就是生命，生物多样性就是我们的生命"。

金鉴明致力于生物多样性保护，2014年11月金鉴明院士工作站在云南经济管理学院挂牌启动。金鉴明说，此院士工作站尝试新的运行机制，形成了工作站、云南经管学院、云南省生态农业研究所和中国生物多样性保护与绿色发展基金会四位一体的产、学、研工作平台，为当地经济社会可持续发展贡献力量。

　　中国是世界上荒漠分布最多的国家之一，荒漠集中分布在西北干旱地区。由于荒漠植被的过量利用和内陆河上游水资源的过度开发，导致荒漠植被和荒漠区绿洲的生态退化。为了防止自然环境的恶化，就要加强对山脉、绿水、蓝天、大海的保护。建立自然保护区是保护生态环境、生物多样性和自然资源最重要、最经济、最有效的措施。

　　2017年1月，85岁高龄的金鉴明不顾年事已高，不辞辛劳，还到海南师范大学讲学。他结合国内外先进的生态学理念及多年的工作阅历和研究体会指出，生态学是我国的重要学科，学科的发展要具有创新意识，学科设计要符合我国实际发展的需要。围绕学科核心发展这一主题，金鉴明就生态学与食品安全、生物多样性与环境保护研究、生态学在中国的可持续发展和方向做了深刻剖析。

　　2017年9月，金鉴明院士逝世。金鉴明以崇高的科学精神为保护生态环境辛勤工作了一生，一直工作到生命的最后一年。

85岁高龄的金鉴明（前排中）在海南师范大学讲学

62 诺贝尔奖颁奖仪式上
用汉语演讲的丁肇中

丁肇中，美籍华裔物理学家，中国科学院外籍院士。

丁肇中主要从事高能实验物理、基本粒子物理等方面的研究。他最杰出的贡献是与里希特各自独立地发现了J/ψ粒子。在公开发表这个发现时，丁肇中把这个新粒子取名为J粒子，"J"和汉字"丁"字形相近，寓意是中国人发现的粒子。

丁肇中1936年生于美国，祖籍是中国山东省日照市。他从小便对数理化兴趣浓厚，1956年，20岁的他只身一人从中国台湾到美国密歇根大学进行深造。最初，他学习的是机械工程这一热门专业，老师发现他不会画图，但数学、物理成绩优异，建议他转学物理。丁肇中通览了物理学发展史后，也看清了自己要走的路。对于他来说，近代物理学就像是一个大漩涡，其中心部分就是实验高能物理学。越接近这个旋涡的中心吸引力就越大，丁肇中就越被它吸引。

丁肇中刚去美国时举目无亲，英语也不太纯熟，但经过三年的努力之后，他获得了数学及物理学硕士学位。过了两年之后，他又荣获了物理学博士学位。一些美国同学都称他为"奇人"。尔后，他到哥伦比亚大学、麻省理工学院任教，接着从事科研工作。从念大学到博士再到搞科研，一般人需要十多年的时间，而他只用了6年。在大学里，他废寝忘食，埋头书斋。尽管美国大学里课余生活丰富多彩，却很少看到丁肇中的身影。在学习上，丁肇中并不满足于几本教科书以及教师指定的参考书，他决心系统地、深入地搞清整个近代物理学的来龙去脉，及时地、广泛地了解近代物理学的最新成就和发展趋势。他饶有兴趣地研究物理学大师们的经典著作，博览物理学期刊。

1972年，丁肇中提出了寻找新粒子的计划。由于这一实验费用多、难度大，他的计划一出台，便受到了来自各方面的批评和责难。有人说："即使丁肇中的实验能够搞起来，也没有什么价值。在丁肇中计划实验能量区域内，新的长寿命的重粒子是根本不存在的，这是一般教科书上的常识。"

对于来自各方面的非难，丁肇中毫不示弱。他坚信自己的预见，决心向常识挑战。他对那些权威们说："先生，这不是不懂常识的问题，而是要靠事实来回答的问题。什么叫常识？常识就是不经证明而常常引用的知识。一个人不可不懂常识，但是过分迷信常识的科学家，往往就会错过一些重大发现的机会。"他再三告诉自己的实验组成员："不要管反对意见是多么不可一世，决不要放弃自己的科学观点，要毫不胆怯地迎接挑战，要始终坚持对自我的科学观点的探求。"

丁肇中工作非常仔细，他生怕自己的实验结果出现一点点问题，因此他总是反复检查自己的工作，以免错误。他在总结个人经验时表示只有刻苦工作，不怕艰辛，才有可能在某个领域中取得优秀的成绩。他认为年轻人如果有志投身科学研究，应该打开眼界，对科学发展的方向有明确的认识。"在雨季的时候，在一秒钟之内也许要落下千千万万的雨滴。如果其中的一滴雨有着不同的颜色，我们就必须找出那一滴雨"。

丁肇中和他的团队在实验室里夜以继日地工作，事实证明他的观点是对的，经过两年多的全力攻关，他向全世界宣布发现了一种未曾预料过的新的基本粒子——J粒子。这种粒子有两个奇怪的性质：质量重、寿命长，因而它一定来自第四夸克，这推翻了过去认为世界只有三种夸克组的理论，为人类认识微观世界开辟了一个新的境界。美国《新闻周刊》评价道："这是基本粒子科学的重大突破，对于近半个世纪以来，物理学家努力寻求解析自然界的基本结构，具有重大的意义和贡献。"

J粒子发现两年之后，丁肇中便荣获了1976年度的诺贝尔物理学奖，那年他40岁。1976年12月10日，瑞典首都斯德哥尔摩音乐厅内坐满了外国来宾、瑞典社会名流。按照惯例，在诺贝尔奖授奖仪式上，获奖者要用本国语言发表演讲。丁肇中是美籍华裔，在授奖典礼上他应该用英语发表演讲。但丁肇中认为自己是中国人的后代，他决心让中华之声响彻诺贝尔奖授奖大厅。他向瑞典皇家科学院请求：在授奖仪式的即席演讲中，先用中文讲，后用英文复述。"得到诺贝尔奖，是一个科学家最大的荣誉。我是在旧中国长大的，因此，想借这个机会向发展中国家的青年们强调实验工作的重要性。中国有句古话'劳心者治人，劳力者治于人'，这种落后的思想，对发展中国家的青年们有很大的害处。由于这种思想，很多发展中国家的学生都倾向于理论的研究，而避免实验工作。事实上，自然科学理论不能离开实验的基础，特别是物理学，更是从实验中产生的。我希望由于我这次得奖，能够唤起发展中国家的学生们的兴趣，而注意实验工作的重要性"。

丁肇中精神抖擞地用汉语发表演讲，在诺贝尔奖颁奖仪式上，丁肇中如愿以偿地抒发了作为中华民族后代的自豪感。这短短的讲演包含了丁肇中对人生、对科学的真知灼见，也包含了他对中华民族、祖国母亲的赤子深情。台下来宾都全神贯注地听着，对这位杰出的物理学家更增加了敬佩之情。

诺贝尔奖宴会厅（童之侠拍摄）

健康卫士钟南山
年逾八旬迎难而上

63

钟南山，呼吸病学专家，抗击非典型肺炎和新型冠状病毒肺炎的领军人物，2019年获授"共和国勋章"

钟南山1936年出生于一个医学世家，父母都是著名的医生。钟南山1960年从北京医学院毕业后留校任教。1971年到了广州医学院后，他不仅参加教学工作，还在第一附属医院当了医生，每月按时坚持给病人看病。几十年过去了，如今的钟南山坚持每周必到医院查房、出门诊，"到了诊室，看到病人，让我感到很亲切"。在他看来，这非常重要，因为医学发展很快，他常常说"我要跟上形势的发展"。几十年来，钟南山在教学、医疗、科研等几方面，在研究呼吸疾病上积累了丰富的经验，打下了坚实的基础。1996年，他因为对呼吸疾病的突出贡献，当选为中国工程院院士。

2003年，SARS疫情暴发，面对未知的病毒，年近七旬的钟南山率先带领团队投入救治行动。"把最危重的病人送到我这来！"他的话落地有声，铿锵有力。从"非典"出现到消失，钟南山始终战斗在抗击"非典"的第一线。他将自己的安危置之度外，不顾风险地救治病人，千方百计地寻找有效的治疗方法。他医术精湛、医德高尚、尊重科学的道德风骨和学术勇气令人景仰。

2019年12月，武汉市发现新型冠状病毒性肺炎病例。世界卫生组织宣布该疫情是国际关注的突发公共卫生事件，疫情非常严重。新型冠状病毒有着极强的传染性。84岁高龄的钟南山亲临湖北武汉抗击疫情最前线，指导医治及防护工作。

去武汉时，钟南山没有买到坐票，就挤在餐车里，因为走得匆忙，羽绒服都没有带，他只穿了一件单薄的西装。钟南山院士在火车上仔细地研究每一份文件和材料，困得受不住，就倚着靠背休息一会儿，经过4个多小时的路程，在深夜抵达武汉。

钟南山到达武汉后，参加各种会议，分析疫情，每天只休息3～4个小时，辛苦不言而喻。他率领的广州医科大学附属第一医院专家团队与武汉前方的广东医疗队重症加强护理病房团队进行远程视频会诊，5个危重症患者出现在大屏幕上。会诊室里，他坐在中心位置，通过视频察看患者病情，关键时候，钟南山怕重症加强护理病房医生听不清他的话，摘下了口罩。有时，一次会诊时间长达6个多小时，对于一位84岁的老人来说，这是用生命在战斗，更何况，钟南山还在2004年做过心脏支架。

钟南山通过仔细的研究，也凭着自己几十年在这方面的经验，他很快地做出了科学的判断，为及时地阻止疫情的蔓延与扩散，争取到了宝贵的时间。钟南山指出，对于新型冠状病毒肺炎，早发现、早诊断、早治疗，这是最有效的防控办法。对已经确诊的病人进行有效隔离，减少接触从公共卫生的角度来说是最重要的。他建议公众"没什么特殊情况，不要去武汉"，自己却做了"逆行者"。钟南山冷静地以医者的妙手仁心挽救生命，不顾自身生命危险救治危重病人，与死神争夺生命。他实事求是的科学精神，临危不惧的英雄气概，视患者如亲人的大医情怀，受到人们的普遍称赞。正如《广州日报》所说："从非典到新冠肺炎，钟南山一直站在抗疫一线，成为公共卫生事件应急体系建设的推动者，促成了国家多项政策法规的制定，更成为突发公共卫生事件的代言人，成为稳定民心的科学家代表。"

钟南山是当之无愧中国呼吸系统传染病防治的领军人物。钟南山不仅在病理学、流行病学等知识领域学识渊博、贯通中西，甚至连如何洗手、戴口罩等生活细节也要亲自示范、进行普及。钟南山一直致力于呼吸系统疾病领域的防治工作。他主动承担起突发公共卫生事件代言人的角色，向公众普及卫生知识，推动公共卫生事件应急体系建设。

为了保护人民的健康，应该以预防疾病为主要方针。防病重于治病，健康需要维护。钟南山强调指出，全世界最不好的习惯是抽烟。吸烟是引起各种癌症的第一原因，现在每年因吸烟死亡的人数等于因酗酒、吸毒、交通事故、工业事故、凶杀、自杀和艾滋病死亡人数的总和，情况显然非常严重。钟南山反复强调，"吸烟危害健康，即使少许二手烟也很危险"。

钟南山真诚希望大家都能够做到普及健康知识，传播健康理念，倡导健康行为，享受健康生活。

64 水利水电专家
郑守仁情系三峡大坝

郑守仁（1940—2020），出生于安徽颍上，水利水电工程专家，中国工程院院士。

郑守仁从事水利工程设计34年，为葛洲坝工程大江截流及围堰和三峡工程设计施工做出了贡献。20世纪七八十年代，郑守仁主持了乌江渡、葛洲坝工程导截流设计，创造了多个全国第一。

葛洲坝截流时，法国有一家公司提出20万美元做一个大江截流方案，这对当时外汇稀少的我国无疑是天文数字。于是，专家们便自己做方案，第一次挑战大江截流这一世界难题。他们借鉴国内外经验教训，进行大量模型实验。担任导流组组长的郑守仁提出用"钢筋石笼"为截流龙口护底，以增强抛投块体的稳定性，大大减少了抛投料的流失，确保了大江截流一举成功。

1993年，在从事水利工程设计30年后，53岁的郑守仁迎来了他一生最大的挑战，负责三峡工程设计，直接主持长江第二次和第三次截流设计方案工作。

三峡工程号称"全球一号水电工程"，其中，难度最大、风险最高的当属1997年的大江截流和2002年的导流明渠截流。挑战截流长江这一世界难题，郑守仁都是在工地上发现问题、研究问题、解决问题。他夜以继日地奔走在工地上，与各方技术人员携手攻关，依靠科学民主的作风和集体智慧克服一个个技术难关，创下十几项优化设计成果，推广应用一系列新技术、新工艺和新材料。据不完全统计，经优化设计，仅主体工程就节省混凝土100多万方，节约投资约3亿元。

郑守仁喜欢和一线工人交朋友，和他们打成一片。但涉及施工质量问题，却容不得半点马虎。如果有工人偷工减料违背设计，哪怕是一条铁丝缠得不符合要求，他都会严厉指出来。"三峡工程不能出现任何差错，要对工程负责，要对历史负责，我们设计标准是千年一遇，在有生之年可能都不会遇到这么大的检验，但是要经得起历史的检验。"郑守仁说，"首先设计上不能出任何差错。只有设计是优秀的，才能保证工程的质量。同时还要保证施工质量，设计、施工都要优质。"郑守仁对工作的严谨细致，对工程质量近乎严苛的要求，源于他自己的经历。

郑守仁的家乡位于淮河边润河集镇，饱受水患之苦。1948年冬，当地政府修建了淮河上第一座水利枢纽工程——润河集水利枢纽工程。1954年大洪水，润河集水利枢纽泄水闸泄洪时被冲毁，大片村庄和农田被淹没。当时年仅14岁的郑守仁就立志从事水利报国。郑守仁说，这个闸被冲毁主要是设计洪水标准偏低、闸基地质勘探尚未查清、基础处理结构措施不当等。"搞水利工程，如果基础资料不搞准，设计就容易出事。所以搞水利工程跟水打交道，容不得任何的差错"。

三峡大坝（童之侠拍摄）

自1993年受命主持三峡工程的工程设计，郑守仁在这里一待就是26年。随着三峡工程各项工作陆续结束，一批批建设者离开了，往昔热闹忙碌的办公大楼空空荡荡，只剩下几个人，郑守仁却不曾离开。深夜，三峡坝区寂静无声，北面一隅的办公大楼亮着一盏孤灯。年近八十的郑守仁，正埋身于一摞摞材料中，专注地在电脑键盘上缓慢地敲击出一个个字符。"现在年纪大了，身体也不好，打字很慢。"患病加上长期伏案，郑守仁的身材微微伛偻，他说，"一定要用尽生命最后的力量把三峡工程的资料总结好，这里有些是经验，有些是教训，要吸取教训，给后人借鉴"。

郑守仁保存着每一次会议纪要，亲笔撰写了详细的现场设计工作简报，这些极为珍贵的第一手资料，是郑守仁走在三峡工地最真实、最细致的写照，印刻着他对三峡的一片赤诚之心。

中国第一位航天员
杨利伟飞向太空 65

杨利伟，特级航天员，中国载人航天工程副总设计师，中国进入太空第一人。

杨利伟1965年6月21日出生在辽宁省葫芦岛市绥中县，从小生活在大海边，儿时他有一个梦想，希望有一天，能像海鸥那样，向着蓝天飞去。

杨利伟的父亲杨德元、母亲魏桂兰同在镇里一家中学当教师。杨利伟自幼比较文弱、性格内向、缺少胆量。为了改变他的性格，父亲有意识地带他去爬山，带他到河里游泳，秋天，带他去大山里爬树采摘果实。渐渐地，杨利伟对探险和运动有了兴趣，常常同伙伴跋山涉水野游、登山爬高、寻访遗址、探索未知的世界。这些为他后来的发展奠定了基础。杨利伟喜欢看革命影片，看完《闪闪的红星》《小兵张嘎》《鸡毛信》等后，就央求爸爸帮助同班的小伙伴赶制了红缨枪，毛遂自荐当上了儿童团长。看了《铁道游击队》后，他就一直梦想做火车司机，没想到，后来他成为中国飞向太空第一人，远远超过了他最初的梦想。

1983年6月，在杨利伟高中三年级的时候，空军要在当地应届毕业生中选拔飞行员，从小就有从军梦的杨利伟第一个到报名处报上了自己的名字。经过严格的选拔、考察、体检、面试等程序，18岁的杨利伟正式成为中国人民解放军空军飞行学院的一名学生。1987年他毕业了，成为一名飞行员。

1990年，杨利伟和张玉梅结婚。张玉梅是一位教师，两个人都忙于工作，聚少离多。杨利伟被调到一个小山沟里进行训练，每天都要进行高强度的、枯燥的训练，分离的日子里，杨利伟都是靠着妻子的鼓励和支持度过的。可就在这期间，他们才两岁多的女儿不幸因病早逝，让他们品尝了生离死别的巨大痛苦，杨利伟因为训练无法回家，没有见到女儿最后一面。为了祖国的航天事业，他和妻子相互安慰，相互依赖，张玉梅是杨利伟最大的精神支柱。

1997年4月，杨利伟在临床医学、航天生理功能指标、心理素质的测试中都达到了优秀，成为预备航天员。1998年1月，杨利伟成为中国第一代航天员。2003年7月，经载人航天工程航天员选评委员会评定，杨利伟具备了独立执行航天飞行的能力，被授予三级航天员资格。

2003年10月15日9时，杨利伟乘长征二号F火箭运载的神舟五号飞船进入太空，象征中国太空事业向前迈进一大步。10月16日，杨利伟在轨道上绕行14圈后返回地球，乘坐神舟五号顺利归来。他成为中国第一个登上太空的人。他成功落地出舱的第一句话是："感觉良好。"在场的所有工作人员无不热泪盈眶。21小时23分钟对于杨利伟的家人来说，秒针的每一次跳动都是生死惦念。

杨利伟是第一个进入太空的中国公民。2003年香港《大公报》发表社评说："杨利伟是这次神舟五号飞船成功载人航天的标志和代表。从杨利伟的表现，人们可以看到今天中国精英一代的崛起，看到他们的智慧和表现，看到深化改革开放的成果，看到国家未来光辉远大的前景和希望。"

杨利伟的战友评价杨利伟说："他的特点是爱钻研、肯奉献。"有媒体评论"没看到长城"的杨利伟的另一种勇气：杨利伟作为中国太空第一人，具有敢于探索、不怕牺牲的勇气。更难能可贵的是他的另一种勇气——实事求是、实话实说的勇气。

作者收藏的杨利伟
亲笔签名的纪念品
（童之侠拍摄）

英国生物学家 **66**
达尔文提出生物进化论

查尔斯·罗伯特·达尔文
（1809—1882），英国生物学家，进化论的奠基人。

达尔文自幼喜欢花草树木、鸟雀虫鱼。小的时候，跟妈妈到花园里为小树培土。妈妈说："泥土是个宝，小树有了泥土才能生长。别小看这泥土，是它长出了青草，喂肥了牛羊，我们才有奶喝，才有肉吃；是它长出了小麦和棉花，我们才有饭吃，才有衣穿。泥土太宝贵了。"达尔文问："妈妈，那泥土能不能长出小狗来？""不能！"妈妈笑着说，"小狗是狗妈妈生的，不是泥土里长出来的。"达尔文又问："我是妈妈生的，妈妈是妈妈的妈妈生的，对吗？""对呀！所有的人都是他的妈妈生的。""那最早的妈妈又是谁生的？""是上帝！""那上帝是谁生的呢？"妈妈答不上来了。她对达尔文说："孩子，世界上有好多事情对我们来说都是个谜，你快快长大吧，这些谜等待你们去解开呢！"

达尔文上学以后，仍然保持着对大自然的浓厚兴趣。他骑马、打猎、钓鱼、采集矿石、捕捉昆虫、钻进树林观察鸟类的习性。对达尔文来说，整个世界就是一个大迷宫，要探索、思考的事情实在太多了。

达尔文的祖父和父亲都是医生，家里希望他将来继承祖业。达尔文16岁时被父亲送到爱丁堡大学学医。他经常到野外采集动植物标本，对自然历史产生了浓厚的兴趣。后来他进入剑桥大学学习，在剑桥期间，达尔文结识了当时著名的植物学家亨斯洛和著名地质学家席基威克，并接受了植物学和地质学研究的科学训练。

1831年，达尔文从剑桥大学毕业后，他的老师亨斯洛推荐他以"博物学家"

的身份参加同年12月英国海军"小猎犬号"舰环绕世界的科学考察航行。他们先在南美洲的巴西、阿根廷和相邻的岛屿上考察，然后跨太平洋至大洋洲，继而越过印度洋到南非，再绕好望角经大西洋回到巴西，最后返抵英国。他在环球旅行时，随身带了几只鸟，为了喂养这些鸟，又在船舱中种了一种草。船舱很暗，只有窗户透射进阳光，达尔文注意到，草的幼苗向窗户的方向弯曲、生长。后来几十年间，达尔文忙着创建进化论，直到其晚年，才着手进行一系列实验，研究向光性的问题。他在1880年出版的《植物的运动力》一书中总结了实验结果。

这次航海改变了达尔文的生活。回到英格兰后，他一直忙于研究。1838年，他读了马尔萨斯的《人口论》，从中得到启发，更加确定他的一个想法：地球的年龄远比《圣经》所讲的古老得多，所有的动植物也都改变过，而且还在继续变化之中。人类可能是由某种原始的动物转变而成的。

达尔文对发表研究结果非常谨慎。1842年，他开始撰写大纲，后将它扩展至数篇文章。达尔文根据20多年积累的对古生物学、生物地理学、形态学、胚胎学和分类学等许多领域的大量研究资料，以自然选择为中心，从变异性、遗传性、人工选择、生存竞争和适应等方面论证物种起源和生命自然界的多样性与统一性。《物种起源》是达尔文系统阐述生物进化理论的著作，全名《论依据自然选择即在生存斗争中保存优良族的物种起源》，1859年11月24日在伦敦出版。

从猿到人的进化

达尔文进化论的核心是自然选择原理，显示生物都有繁殖过剩的倾向，而生存空间和食物是有限的，所以生物必须为生存而斗争。在同一种群中的个体存在着变异，那些具有能适应环境的有利变异的个体将存活下来，并繁殖后代，不具有有利变异的个体就被淘汰。如果自然条件的变化是有方向的，则在历史过程中，经过长期的自然选择，微小的变异就得到积累而成为显著的变异，由此可导致亚种和新种的形成。《物种起源》开创了生物学发展史上的新纪元，在世界历史进程中有着广泛和深远的影响。

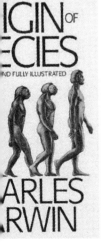

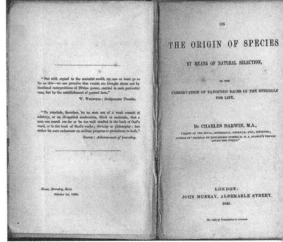

种起源》

67 微生物学奠基人
巴斯德率先研制疫苗

路易斯·巴斯德（1822—1895），微生物学的奠基人。巴斯德研制出多种疫苗，引起了医学实践的重大变革。

巴斯德诞生在法国东部裘拉省的洛尔镇。父亲是拿破仑军骑兵队的一名退伍军人，退伍后当鞣革工人，母亲是农家妇女。四岁那年，全家迁往阿尔布瓦。巴斯德在中学时，凡事寻根问底，对化学、物理和艺术都有浓厚的兴趣。

1840年8月，他中学毕业，10月被聘为布山松中学的助教。他边任教，边准备大学入学考试。1843年8月，巴斯德考入大名鼎鼎的巴黎高等师范学院，攻读化学和物理教学法。课堂上学来的知识，他都要用实验来验证。他整天埋头在实验室里，被称为"实验室的蛀虫"。巴斯德提出关于病菌的理论，而且通过大量实验，证明了他的理论的正确性，令科学界信服，这是他的主要贡献。

1854年9月，巴斯德被任命为新创立的里尔大学化学教授兼总务长。法国的啤酒、葡萄酒业在欧洲是很有名的。有一个问题令人们很苦恼，酒常常会变酸，只得倒掉。1856年，里尔一家酿酒厂厂主请求巴斯德帮助寻找原因，看看能否防止葡萄酒变酸。巴斯德答应研究这个问题，他在显微镜下观察，发现未变质的陈年葡萄酒，其液体中有一种圆球状的酵母细胞，当葡萄酒和啤酒变酸后，酒液里有一根根细棍似的乳酸杆菌，就是这种乳酸杆菌在营养丰富的葡萄酒里繁殖，使葡萄酒变酸。他把封闭的酒瓶放在铁丝篮子里，泡在水里加热到不同的温度，试图杀死乳酸杆菌，而又不把葡萄酒煮坏，经过反复多次的试验，他终于找到了一个简便有效的方法：把酒放在五六十摄氏度的环境里，保持半小时，就可杀死酒里的乳酸杆菌，这就是著名的"巴斯德杀菌法"。这个方法至今仍在使用，市场上出售的消毒牛奶就是用这种办法消毒的。

狂犬病是一种可怕的传染病，人兽共患，人多因被病兽咬伤而感染。由于缺乏有效的治疗手段，人患病后病死率几近100%。1880年底，一位兽医带着两只病犬来拜访巴斯德，请求帮助，希望他能制成狂犬疫苗。巴斯德和助理们冒着危险采集狂犬的唾液，然后注射到健康犬的脑中，健康犬马上发病死亡。经过多次动物实验，巴斯德推论出狂犬病的病毒集中于神经系统，他从病死的兔子身上取出一小段脊髓，悬挂在一支无菌烧瓶中，使其干燥。他发现，没有经过干燥的脊髓是致命的，如果将未干燥的脊髓研磨后和蒸馏水混合，注入健康犬体内，狗必死无疑。相反，将干燥后的脊髓研磨后和蒸馏水混合注入狗的体内，狗却都活了下来。巴斯德于是推断干燥脊髓的病毒已经死了，至少已经非常微弱。因此他把干燥的脊髓组织磨碎加水制成疫苗，注射到犬脑中，再让打过疫苗的狗，接触致命的病毒。经过反复实验后，接种疫苗的狗，即使脑中被注入狂犬病毒，也不会发病了。1882年，巴斯德证明狂犬病病原体存在于患兽唾液及神经系统中，并制成病毒活疫苗，成功地帮助人们获得了该病的免疫力。

巴斯德最大的成就是发展了预防接种的技术，其他科学家应用巴斯德的思想先后发展出多种抵御严重疾病的疫苗。

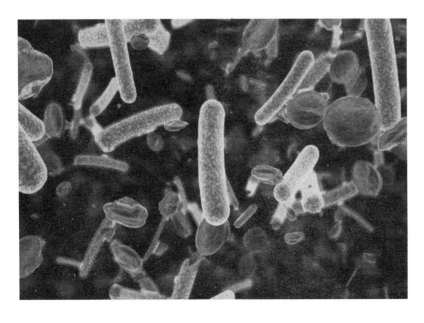

乳酸杆菌

68 德国物理学家伦琴最先发现X射线

伦琴（1845—1923），德国物理学家，诺贝尔物理学奖获得者。

威廉·康拉德·伦琴发现了X射线，1901年被授予首次诺贝尔物理学奖。这一发现不仅对医学诊断有重大影响，还直接影响了20世纪许多重大科学发现。他出生于德国莱茵州莱耐普城。父亲是一个毛纺厂小企业主，母亲是一个心地善良的荷兰人，他是独生子。1848年，当伦琴三岁时父亲把自己的企业搬到了荷兰的阿佩尔多恩，伦琴进入了当地的一家私立学校学习。1862年，伦琴进入一所技术学校，在这里因被诬告画了一位教师的漫画而被不公正地开除学籍，事实上漫画是别人画的。这事使他失去参加中学毕业证书考试的机会。为了能进入大学深造，他去了瑞士的苏黎世，那里不需要中学毕业证书，但规定没有中学毕业证书的人要进行一次专门的入学考试，但当伦琴面试后就免去了入学考试。1869年，伦琴获苏黎世大学哲学博士学位。

伦琴对康特老师特别尊重，把康特老师奉为自己的人生楷模。康特当时才29岁，1866年，因发明用粉尘图形测量声速的方法而名声大振，他那敏锐的洞察力和非凡超群的实验才能，使他很快进入了19世纪德国第一流的实验物理学家的行列。康特教授在课堂上总是板着面孔，严肃认真；讲课条理清晰，深入浅出，富有吸引力，实验讲究程序，注重方法，追求精确性，他在学生中以毫不留情，严格要求而著称。伦琴开始听康特主讲的光的理论课程，并在康特的实验室里做关于气体的种种不同属性的实验。

19世纪90年代前后欧洲的物理学家们和伦琴都在研究真空放电现象和阴极

射线。当时的科学家都知道，密封玻璃管一加高电压，管内就要发光。但是为什么发光却没人知道。伦琴却对此产生了疑问，他决定要找出原因。只有真正工作细心、认真踏实的人才能注意并进一步去探索这种看似平常的问题。

1895年11月8日夜晚，伦琴在继续实验时为防止紫外线和可见光的影响，不使管内的可见光漏出管外，用黑色硬纸板把放电管严密封好，在接上高压电流进行实验时，他发现一米以外的一个涂有化学物质的荧光屏发出了荧光，一切断电源荧光就立即消失，这一发现使他十分惊奇，他全神贯注地重复实验，把荧光屏一步步移远，屏上仍有较强的荧光出现。当他带着这个荧光屏走进隔壁房间，关上门，拉下窗帘，荧光屏在管子工作时仍继续发出荧光。伦琴确信这一现象是迄今为止尚未发现过的，这是一种未知的射线。

在接下来的几个星期中，伦琴没有对任何人讲过自己的观察，他要证实这个偶然的观察是确定的事实。他又用木板、纸和书来试验，令人惊奇的是，这些东西对这种射线来说都是透明的。在七个星期里，他独自在自己的实验室里研究新的射线及其特性，为了排除视力的错觉，他利用感光板把他在光屏上观察到的现象记录下来。

1896年初，伦琴把他的新发现公之于众，立即引起了巨大的轰动，其反应之强烈，影响之迅速，为科学史上罕见。1896年1月23日，伦琴在他的研究所举行了第一次也是唯一的一次公开报告会，报告结束时，用X射线拍摄了维尔茨堡大学著名解剖学教授克利克尔一只手的照片；克利克尔带头向伦琴欢呼三次，并建议将这种射线命名为伦琴射线。但伦琴谦虚地说："假如没有前人的卓越研究，我是很难发现X射线的"。1540—1895年与X射线的发现有关的科学家有25位，其中有波尔、牛顿、富兰克林、安培、欧姆、法拉第、赫兹、克鲁克斯、雷纳德等，伦琴在他们的基础上加上自己的努力探索终于取得了成功。

1901年，伦琴成为诺贝尔奖第一位物理学奖金获得者，他将此项奖金转赠威茨堡大学物理研究所为添置设备之用。伦琴的工作是在简陋的环境中完成的。一个不大的工作室，窗下是张大桌子，左旁是个木架子放着日常用品，右旁放着高压放电仪器，这就是人类第一次进行X射线试验的地方。伦琴一生谦虚谨慎，从不居功自傲。他谢绝了贵族的称号，不申请专利，使X射线的应用得到迅速发展和普及。

1896年，X射线便应用于临床医学，第一次在伦敦一个妇女手中的软组织中取出了一根缝针。X射线诊断开创了医疗影像技术的先河，为人类医疗诊断与治疗疾病开拓了新的途径。但是第一批X射线照相机发出的X射线很弱，曝光约一小时才能成像，对医生的身体也有影响。后来各国科学家孜孜不倦地对医疗影像技术进行了研究和改进。

伦琴射线直到今天最重要的应用领域仍然是医学诊断。除了在医学上，伦琴射线还应用在微观世界的观察和对太空的研究上。伦琴射线的另外一个应用领域是材料无损探伤，它可以检测出金属材料和焊接部位的内部缺陷。

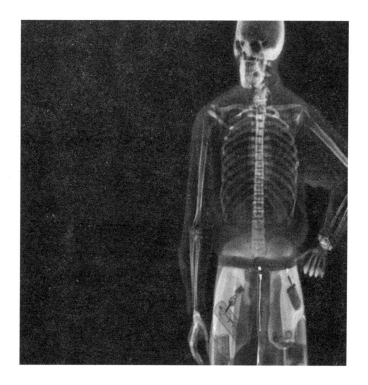

X射线照片

英国律师皮尔逊
设计最早的伦敦地铁

皮尔逊，生于英国伦敦，律师，被称为"地铁之父"。

英国伦敦是世界上最早建造地下铁道的城市。发明地铁的是出生于1809年3月的英国人查尔斯·皮尔逊，他既不是铁道专家，也不是城市建设专家，而是一名律师。有一天，皮尔逊早早出门上班，可糟糕的是，他的马车被堵在伦敦的街上，眼看就要开庭了，他只好跳下马车向法院狂奔。案子胜诉了。可是皮尔逊在回来的路上陷入了无尽的沉思，这已经不是他第一次跑着赶往法院。放眼望去，熙熙攘攘的伦敦街头好像车辆的海洋。自从1825年英国出现世界上第一条铁路以后，皮尔逊就敏锐地觉察到，刚刚崭露头角的铁路具有运量大、速度快的特点。而当时，在工业革命的推动下，英国经济快速发展。伦敦街道上的车辆越来越多，交通拥挤不堪。他预见到这种情况随着城市发展必会越来越严重。一连几天，皮尔逊都在思考这个问题：如果能够将火车开进城市，不就可以缓解城市的交通压力了吗？火车速度快，载的人多，可火车那么大，城市的马路被它占去，那不更拥挤了吗？

一天，他发现墙角边有只老鼠，老鼠在看到人后迅速地跑进了洞中，皮尔逊于是有了灵感，既然老鼠能在地上和地下跑，那么火车是不是也可以呢？1847年，皮尔逊辞掉了律师的职务，独自在家潜心研究这项计划，他经过多年的努力，在1850年设计出了地下铁道的方案。他将方案递交给了伦敦政府，然而伦敦的市政当局对他的设计不以为然。皮尔逊发挥了他作为律师的优势，用雄辩的口才，经过多年的努力，最终说服了伦敦政府接受他的设计方案。

在修建这条地下铁路之前，伦敦各报对它进行了各种各样的猜测：地道会不会塌下来，旅客会不会被火车喷出的浓烟毒死。当时的地道掘进方法也很笨拙：先把地上部分的住户全部搬迁，工人们从地面向下挖掘一条10米宽6米深的大壕沟，用黄砖加固沟壁，再搭成拱形的砖顶，然后将土回填，在地面上重建道路和房屋，耗资巨大。为了把蒸汽机车排出的浓烟引出地下，建好的隧道还要钻出通风孔。任何新事物在诞生之初几乎都会遭到争议，伦敦地铁也是如此。1862年，当地铁挖到一条小河的岸边时，河岸发生了坍塌，工地灌进了两米多深的河水。脚手架横七竖八地泡在水里，场面一片狼狈，各种谩骂声也随之而来。不过，伦敦政府最终坚持下来，地铁工程才得以继续推进。为了方便乘客乘车，伦敦首条地铁在沿线修建了7个停靠站。对于当时只有4.8公里长的地铁线来说，这是一个了不起的成就。

1863年1月10日，伦敦市第一条地铁正式投入运营。蒸汽车头开进了地下，40名官员坐在没有顶棚的木制车厢里，乘坐地铁进行了第一次巡游。这个场面被记录在贝克街壁画上：车厢类似大型的煤矿运煤车，每到一站，人们脱帽欢呼，喜悦之情难以言表。地下铁道成了当时伦敦重要的交通工具。伦敦地铁第一天的乘客总数就达到了4万人次。人们都以能乘坐地铁为荣，地铁建成后的第一年，乘坐的旅游客就达950万人次。伦敦地铁不仅方便出行，而且二战中还作为防空洞，为保障市民的生命和财产做出了巨大贡献。

现在，世界上许多城市都有了地铁，为人们的出行提供了方便，为减少环境污染也做出了很大的贡献。

伦敦大都会地铁车站

朝鲜平壤地铁是世界上最深的地铁，
最深处达地下200米（童之侠拍摄）

机械工奥蒂斯发明 **70** 性能安全的升降机

伊莱沙·奥蒂斯（1811—1861）是升降机的发明者。

人类利用升降工具运输货物、人员的历史非常悠久。早在公元前2600年，埃及人在建造金字塔时就使用了最原始的升降系统，这套系统的基本原理一直没有变化：即一个平衡物下降的同时，负载平台上升。早期的升降工具基本以人力为动力。公元前1100年中国人发明了辘轳，它采取卷筒的回转运动完成升降动作，从而提升物品的高度。公元前236年，古希腊数学家、物理学家阿基米德研制出一种使用绳索及滑轮操纵的起重机。绳子是利用绞盘和杠杆缠绕在一个滚筒上。公元前200年古希腊制造的一台起重机，是靠人踩踏绞盘的踏轮进行工作的。据记载，公元80年，古罗马皇帝蒂塔斯在建造罗马竞技场时，曾使用大型起重机将奴隶及野兽吊入竞技场内。1203年，在法国海岸边的一个修道院里安装了一台以驴为动力的起重机，结束了用人力运送重物的历史。英国科学家瓦特发明蒸汽机后，起重机装置开始采用蒸汽为动力。约在1800年，煤矿主开始采取蒸汽起重机把矿井中的煤运送上来。1845年，威廉·汤姆逊研制出用液压驱动的升降机，其液压驱动的介质是水。

1850年，美国首次出现了工业用蒸汽平台起重机来输送货物。在这些升降机的基础上，一代又一代富有创新精神的工程师们在不断改进升降机的技术。然而，一个关键的安全问题始终没有得到解决，那就是一旦升降机拉升缆绳发生断裂时，负载平台就会发生坠毁事故。

1852年，纽约的机械工奥蒂斯迎来了他事业和人生的转折点。那一年，奥蒂斯的雇主贝德斯泰德制造公司的老板要求他制造一台货运升降机来装运公司的产品。作为一名熟练工长，奥蒂斯并不认为这是一个困难的任务，但是他很了解数百年来人们制造过各种类型的升降机，它们都具有一个共同的缺陷：只要起吊绳突然断裂，升降机便急速地坠落到底层。为了解决升降机的安全问题，奥蒂斯发明了一种装置，他将带有锯齿状的铁条固定在导轨上，在轿厢的上部设置了一个弹簧片，并将其与机械联动装置和制动棘爪连接起来。曳引绳固定在弹簧片的中心，曳引绳破断时弹簧片恢复原始形状，强迫机械联动装置动作，然后制动爪伸入锯齿状的铁条阻止电梯下落。就这样，世界上第一台"安全升降机"发明出来了。

1854年，在纽约水晶宫举行的世界博览会上，一个四十多岁的机械师，站在一个平台上，他就是奥蒂斯，在这里第一次向世人展示了他的发明。他站在载有木箱、大桶和其他货物的升降机平台上，命令助手将平台拉升到观众都能看得到的高度，然后发出信号，令助手用利斧砍断了升降机的提拉缆绳。观众们屏住了呼吸。平台在落下几英尺后又停住了。制动爪立即伸入平台两侧的锯齿状的铁条内，平台安全地停在了那里，纹丝不动。升降机没有坠毁，而是牢牢地固定在半空中——奥蒂斯发明的升降机安全装置发挥了作用。此举迎来了观众热烈的掌声，奥蒂斯不断地向观众鞠躬说道："一切安全，先生们，一切平安。"站在升降机平台上的奥蒂斯向周围观看的人们挥手致意。谁也不会想到，这就是人类历史上第一部安全升降机。纽约报纸用"勇敢无比""轰动一时"等词语来描述这

奥蒂斯展示他的安全升降机

次表演。通过这次表演安全升降机给人们留下了深刻的印象，也获得了普遍的承认。1853年，在纽约，奥蒂斯建起了自己的车间，奥蒂斯的电梯公司由此诞生。不过，奥蒂斯公司的生意并没有因此而立刻火爆起来。奥蒂斯公司的记载表明，1854年当年他们只销售出几台升降机，1855年也只有15台，到了1856年共售出27台，那时的升降机只用于货运。

1857年，纽约百老汇一家专营法国瓷器和玻璃器皿的商店安装了世界上第一台安全客运升降机。该商店共五层，当时就算是相当高的建筑物了，升降机是由建筑物内的蒸汽动力站利用一系列轴及皮带驱动的。该梯可载重500千克，速度约12米／分钟。在升降机里可以眺望优美的风景，深受人们欢迎。

奥蒂斯被人们称为"电梯之父"。由于有了电梯，摩天大楼才得以崛起。

电梯在这些高楼中发挥了重要的作用（童之侠拍摄）

71 德国电气之父西门子
首创电动交通工具

西门子（1816–1892），德国发明家、物理学家、企业家。

1816年12月13日，西门子出生在普鲁士一个农民家庭。受过高等教育的父亲因为一些特殊原因来到乡下做农民，他十分关心孩子的教育问题，亲自教授孩子们。后来，西门子进了卢贝克文科中学学习。在这里他发现他喜好的是自然科学和建筑技术。这就决定了他未来的道路。因为建筑学校的费用高昂，他又不愿放弃自己所喜欢的技术，他认为参军是最好的途径。1834年秋，西门子参加了普鲁士的炮兵部队。这位年轻的军官从每天拿着的武器中受到了很大的鼓舞，决心要进一步提高自己的科学素养。他把眼光集中到改进武器技术上，他设计了测量炮弹速度计。他在军校里最沉迷的事是做实验，后来创立公司的动机就是应用他发明的指针式电报机。

西门子晚年写过一本书，上面讲述了他小时候的一个故事。西门子从小就表现出了超出常人的胆量和责任感。西门子5岁时，有一天他在父亲的书房里玩。正好这时西门子的姐姐进来了，说牧师家有一只大公鹅很凶，已经咬了她好几次了，现在她已经不敢一个人经过牧师家了。西门子的父亲知道后，给了西门子一个拐杖，并告诉西门子不要怕它，要勇敢地往前走。西门子陪着姐姐走到牧师家门口，那只大公鹅"嘎嘎"大叫着冲了过来，西门子的姐姐吓得马上跑开了。但西门子牢记着父亲的话，挥动着和自己差不多高的拐杖做出要去打鹅的样子。气势汹汹的大公鹅看到毫不畏惧的西门子，只得灰溜溜地跑回了鹅群。70年后，他这样描述这件事情的意义："在后来的艰难的困境中，战胜大公鹅的故事无数次在潜意识中鞭策我，让我不回避面临的困难，勇敢面对，与之斗争。"

西门子在学习和工作中就是这样。在前进的路上他遇到了许多拦路虎，但是面临困难，他勤于学习，勇于攻关，解决了一个又一个难题。西门子一生花费很多的时间、精力从事研究，最终成为举世闻名的德国"电子电气之父"。西门子提出了发电机的工作原理，由西门子公司的工程师完成了第一台自励式直流发电机。西门子还发明了第一台直流电动机。电力机车、电梯、有轨电车、无轨电车等都是西门子公司利用其创始人的发明最先投入市场的。

西门子致力于长期性、持续性地提高企业价值，兼顾员工与股东的长期利益。西门子强调对员工的责任，并主动肩负起对社会的责任。从1893年开始西门子让员工参加有针对性的深造。早在德意志帝国的养老保险政策之前，西门子公司内便产生了企业养老保险。西门子公司远远早于其他公司建立起工厂食堂。

创新是西门子重要的成功之道。西门子说："只要你精力旺盛，你就在成长；一旦你成熟了，你也就开始腐烂了。只有不断寻找新的生长点和发展点，你才会不断地前进。"西门子认为，丰富的工业创造的基础就是在于持续的技术发展。为了不断地完善电信事业，他进行了百折不挠的努力，解决了出现的各种新问题。今天的西门子公司在西门子后辈的妥善管理与经营下，仍然朝气蓬勃，充满活力，是世界上最著名的公司之一。

欧洲城市里的有轨电车（童之侠拍摄）

72 南丁格尔以爱心、细心、耐心开创护理事业

弗罗伦斯·南丁格尔（1820—1910），英国护士和统计学家，开创了世界护理事业，是现代护理教育的奠基人。

南丁格尔出身名门，家境优裕。她的父亲是一个博学的人，母亲也出身于英国王族。

南丁格尔的幼年生活极为优裕。与他们往来的人士也都是社会名流，包括当时的政界人士、作家、艺术家以及一些地方绅士。这使她充分享受了维多利亚时代的安逸生活。但小小的南丁格尔，面对这种养尊处优的生活并不觉得快乐，她常有一种莫名的寂寞感。到了十二岁，她跟父亲学习希腊文、拉丁文、法文、德文、意大利语、历史、数学和哲学等。1837年，南丁格尔17岁了，已成为一位美丽的大家闺秀。他们全家到欧洲大陆旅行，父母带着女儿们在欧洲各地增长见识。他们全家用一年半的时间，遍游法国、意大利、瑞士等地，沿途饱览湖光山色、艺术古迹，并到处考察社会人情。南丁格尔从小就养成写日记的习惯，所见所闻，均记录下来，这也成为她日后办学治事的重要资料。她对政治与民众甚有兴趣，尤其对慈善机构更是特别留心。她从少年时期，就怀抱着这种服务人类的自我信念和坚定的济世行善的意志。1839年，全家返回英国，这时南丁格尔已出落得庄重大方，经常在家里会晤社会名流，她尤其喜欢结交社会工作者与从事革新工作的各界人士。其中一位知名的医师，启发了她去医院学习的念头。在她的时代，没有一个有身份的人做护士。做护士的往往都是一些无知、粗鲁、没有受过训练的女人。1844年，南丁格尔到法、德、比、意等国，对各国的医院进行了考察，了解了各地护理工作。

1845年8月，南丁格尔同父亲一道，到曼彻斯特去探望生病的祖母。因为祖母病情加重，卧床不起，而且缺少照料，她便留在身边护理。很快，祖母的身体大有起色。接着老保姆盖尔太太又病倒了。南丁格尔又赶回家里，精心护理病入膏肓的盖尔太太，直到老人临终。这年秋天，附近农村中瘟疫流行，南丁格尔积极地投入了护理病人的工作。在那时，人们都以为护理工作很简单，根本用不着培训。以前连南丁格尔自己也曾认为，只要富有耐心和同情心，就能帮助病人解除病痛，这就是护理工作的全部。直到有一天，她亲眼看到一个女人，在她面前痛苦地死去——这位病人服错了药。这事让她大受刺激。她从此知道，护理是一门重要的学问。

1851年，南丁格尔在凯瑟沃兹医院参加了4个月的短期训练班，使她学护士的理想终于实现。在学习期间，她亲身体验到护理工作要为病人解除痛苦、给予精神安慰，必须付出多方面的辛勤劳动。

1853年，英法等国与俄国爆发了战争。南丁格尔闻知这一消息，立即表示愿自费率领四十名护士赴战地救伤。英军的医疗救护条件非常低劣，伤员死亡率高达40%多。南丁格尔首先着手改善伤兵的饮食，给他们换洗肮脏的衣服，致力清理工作。她深深感到，一所完善的医院，必须有充分的供水与良好的排水系统。她夜以继日地将全部身心投入改善医院护理条件的工作，她拿出3万英镑为医院添置药物和医疗设备并重新组织医院，改善伤员的生活环境和营养条件，整顿手术室、食堂和化验室，很快改变了战地医院的面貌，只能收容1700名伤员的战地医院经她安排竟收了4000多名伤员。在这里，她的管理才能和组织才能得到充分发挥。6个月后，战地医院发生了巨大的变化，伤员死亡率迅速下降。这种奇迹般的有目共睹的护理效果震动了全国，同时改变了英国朝野对护士们的估价并提高了妇女的地位，护理工作从此受到社会重视。南丁格尔为此付出极大的精力和心血，她建立了护士巡视制度，每天往往工作20多个小时。夜幕降临时，她提着一盏小小的油灯，沿着崎岖的小路，在营区里逐床查看伤病员。士兵们亲切地称她为"提灯女士"。

1860年，南丁格尔在英国圣·托马斯医院内创建了世界上第一所正规护士学校———南丁格尔护士学校。随后又着手助产士及济贫院护士的培训工作。她在医院管理、部队卫生保健、护士教育培训等方面，都做出了卓越的贡献，被后世誉为现代护理教育的奠基人。她一生培训的护士达1000多人。由于她的努力，护理学成为一门科学。

1863年时，英国的疾病命名与分类混淆不清，医院各自为政。南丁格尔制定了医疗统计标准模式，被英国各医院相继采用，被公认为一个了不起的贡献。南丁格尔提出了科学的护理理论。《护理札记》阐述了护理工作应遵循的指导思想和原理，被称为护理工作的经典著作。不但英国本土大为风行，在美国也深受欢迎，后来，作为护士学校教科书被译成多种文字发行。书中精辟指出护理工作的社会性、生物性和精神对自体的影响等。她以事实、数据和观察为根据，总结了工作的原则、经验、规则和培养方法等。她强调护士应由品德优良、有献身精神和高尚的人担任，要求护士做到"服从、节制、整洁、恪守信用"。

南丁格尔以最崇高的奉献精神把一生献给了护理事业。做一个好护士是她的唯一夙愿，她坚持以爱心、耐心、细心、责任心对待每一位病人。马克思对南丁格尔的勇敢和献身精神十分敬佩和感动，写了两篇充满热情的文章，刊载在德国的《新奥得报》和美国的《纽约论坛报》，使世人皆知这位伟大的女性。

"提灯女士"南丁格尔在营区里逐床查看伤病员

建筑师埃菲尔 **73**
大胆创新设计高塔

埃菲尔（1832—1923）是法国著名建筑师。

1832年的冬天，古斯塔夫·埃菲尔降生在法国东部的第戎城里，他从小就对建筑构造很感兴趣，小埃菲尔常常用泥土和小木棍搭建桥梁或建筑物。在他家的院子里，经常可以看到一个满身泥污的小男孩兴致勃勃地不停忙碌着，院子里摆满了一个个样式奇特的建筑物。19世纪中叶法国经济萧条，为摆脱家境的贫困，埃菲尔的母亲挑起了生活的重担，将埃菲尔交给外婆抚养。埃菲尔的外婆心细善良。由于长期受到母亲和外婆的影响和教育，埃菲尔从小养成了善于独立思考、大胆设想、勤学好问的好品格。这就为他日后成为一个出类拔萃的工程师奠定了基础。20岁那年，他以优异的成绩考上了培养工程师的巴黎中央工艺制造学院。在那里，他常常通宵达旦地埋头读书。毕业后，埃菲尔进入西部铁路局研究室任工程师。

埃菲尔与富家小姐玛格丽一见钟情，玛格丽不顾家人反对嫁给了埃菲尔，与他携手度过生命中艰难又幸福的时光。玛格丽是一个美丽而倔强的姑娘，有着一双清澈的眼睛，埃菲尔深爱着这位姑娘。在他沮丧的时候，她握着他的手说："埃菲尔，不要放弃，我相信你一定能够成为一名建筑工程设计师，一定能设计出闻名于世的建筑。而且我要听你在那座建筑上对我说你爱我！"望着玛格丽清澈的眼神，埃菲尔点了点头。结婚15年后，玛格丽不幸病逝，埃菲尔十分悲痛，他发誓要建造一座通天的高塔，他要站在离天堂最近的地方对她说他爱她。

1860年，埃菲尔完成了当时法国著名的波尔多大桥工程，将长达约500米的钢铁构件，架设在吉隆河中的6个桥墩上。这项巨大工程的完成，使埃菲尔在整个工程界的名声大振。1869年，他完成了法国南部四座巨大的桥梁建筑，其中包括用两座高59米的铁塔支撑着整个桥梁结构，可以承受山谷强风的索尔河高架桥。1876年他建造了杜罗河铁路桥，是当时世界上最大的非悬吊式桥。

为了迎接1889年在巴黎举行的世界博览会，政府决定在巴黎建造一座标志性的建筑群。于1886年开始举行设计竞赛征集方案，其宗旨为"创作一件能象征19世纪技术成果的作品"。埃菲尔设计了一座摩天高塔，为了设计这座高塔，他用了五千多张设计图，幸运之神总是光顾用心之人，他独具匠心的设计和精湛的建造技术在众多的设计图中脱颖而出。虽然取得了设计权，但政府在高塔建成之前只提供五分之一的资金，为了完成对玛格丽的承诺，埃菲尔毫不犹豫地将他的建筑工程公司和全部财产抵押给银行作为工程投资。

1887年1月埃菲尔铁塔正式开工。1889年3月这座钢铁结构的高塔大功告成。埃菲尔铁塔的塔身为钢架镂空结构，高324米，金属制件有1.8万多个，施工时共钻孔700万个，使用铆钉250万个。由于铁塔上的每个部件事先都严格编号，装配时没出一点差错。施工完全依照设计进行，中途没有任何改动，可见设计之合

埃菲尔铁塔全景（童之侠拍摄）

理、计算之精确。建成后的塔从一侧望去，像倒写的字母"Y"，塔身第一层平台为商店和餐厅；第二层平台设有咖啡馆；第三层平台供游人远眺；第四层平台设有气象站。顶部架有天线，为巴黎电视中心。从地面到塔顶装有电梯和阶梯。

埃菲尔铁塔是世界著名建筑、法国文化象征之一、巴黎城市地标之一、巴黎最高建筑物。直到1930年埃菲尔铁塔一直是全世界最高的建筑。在巴黎任何一个地方，只要一抬头几乎都能见到埃菲尔铁塔。它其实包含了一句很浪漫的情话：无论何地，无论何时，假若你愿意回头看，我一直在守候。埃菲尔铁塔经历了百年风雨，巍然屹立在塞纳河畔。埃菲尔也因为他大胆创新的设计被人们永远铭记。

74 俄国化学家门捷列夫
制作出元素周期表

德米特里·门捷列夫（1834—1907）是俄国化学家、物理学家。他制作了世界上第一张元素周期表。

门捷列夫对化学这一学科发展最大的贡献在于发现了元素周期律。他在批判地继承前人工作的基础上，对大量实验事实进行了订正、分析和概括，总结出这样一条规律：元素以及由它所形成的单质和化合物的性质随着原子量的递增而呈周期性的变化，即元素周期律。门捷列夫工作的成功，引起了科学界的震动。人们为了纪念他的功绩，就把元素周期律和周期表称为门捷列夫元素周期律和门捷列夫元素周期表。

传说一天清晨，门捷列夫经过一个夜晚的研究后，疲倦地躺在书房的沙发上，他预感十五年来一直萦绕心头的问题即将迎刃而解，因此，这几个星期以来他格外地努力。由于过度疲劳，门捷列夫不知不觉中睡着了。睡梦中，他突然清晰地看见元素排列成周期表浮现在他的眼前，他又惊又喜，醒来立刻记下梦中的元素周期表。元素周期表的发现是在梦中得到了灵感，人们因此说"天才的发现实现在梦中。"但门捷列夫说："在做那个梦以前，我一直盯着目标，不断努力、不断研究，梦中的景象只不过是我十五年努力的结果。"

实际上，攀登科学高峰的路是一条艰苦而又曲折的路，门捷列夫在这条路上历尽了艰辛。他担任化学副教授以后负责讲授化学基础课。在理论化学里应该指出自然界到底有多少元素？元素之间有什么异同和存在什么内部联系？新的元素应该怎样去发现？这些问题，当时的化学界正处在探索阶段。虽然有些化学家在一定深度和不同角度客观地叙述了元素间的某些联系，但由于他们没有把所有元素作为整体来概括，所以没有找到元素的正确分类原则。年轻的学者门捷列夫也毫无畏惧地冲进了这个领域，开始了艰难的探索工作。他不分昼夜地研究着，探求元素的化学特性和它们的一般的原子特性，然后将每个元素记在一张小卡片上。他企图在元素全部的、复杂的特性里，捕捉元素的共同性。但他的研究，一次又一次地失败了。可他不屈服、不灰心，坚持干下去。为了彻底解决这个问题，他走出实验室，开始外出考察和整理收集资料。1859年到1860年，他去德国海德堡进行了科学深造。两年间他集中精力研究了物理化学，使他探索元素间内在联系的基础更为扎实。他还对巴库油田进行了考察，对液体进行了深入研究，重测了一些元素的原子量，使他对元素的特性有了深刻的了解。他还参观和考察了法国、德国、比利时的许多化工厂、实验室，大开眼界，丰富了知识。这些实践活动，不仅增长了他认识自然的才干，而且为他发现元素周期律奠定了雄厚的基础。最后门捷列夫又返回实验室，继续研究。他把重新测定过的原子量的元素，按照原子量的大小依次排列起来。他发现性质相似的元素，它们的原子量并不相近；相反，有些性质不同的元素，它们的原子量反而相近。他紧紧抓住元素的原子量与性质之间的相互关系，不停地研究，终于发现了元素周期律。

在门捷列夫编制的周期表中，还留有很多空格，这些空格应由尚未发现的元素来填满。门捷列夫从理论上推断出这些尚未发现的元素的基本性质。例如，他预言类硼、类铝和类硅。就在他预言后不久，科学家们发现了镓。实验证明，镓的性质非常像铝，也就是门捷列夫预言的类铝。镓的发现充分说明元素周期律是自然界的一条客观规律。这为以后元素的研究，新元素的探索，新物资、新材料的寻找，提供了一个可遵循的规律。

75 诺贝尔奖创始人
在哪里工作哪里就是家

阿尔弗雷德·诺贝尔(1833—1896），瑞典化学家、发明家、军工装备制造商，诺贝尔奖创始人。

诺贝尔出生于瑞典斯德哥尔摩的一个技师家庭。他从小体弱多病，但是意志顽强，不甘落后。诺贝尔的父亲很关心小诺贝尔的兴趣爱好，常常讲科学家的故事给他听，鼓励他长大做一个有用的人。诺贝尔的母亲卡罗莱曼是一位有文化教养的女士，她乐观豁达，谦虚有礼。她对孩子既严格又慈爱，经常带着诺贝尔做一些浇花、锄草、清除垃圾的劳动。诺贝尔8岁进了当地的约台小学，这是他一生中接受正规教育的唯一的一所学校。诺贝尔由于常常生病，上课出勤率很低。但是他学习努力，成绩经常名列前茅。

当时，诺贝尔的父亲到邻国芬兰去工作了。他和母亲仍然留在斯德哥尔摩。不久，诺贝尔的父亲创制的一种水雷被俄国公使知道了，盛情邀请他到俄国彼得堡去工作。

1842年，诺贝尔全家移居俄国的彼得堡。9岁的诺贝尔因不懂俄语，身体又不好，不能进当地学校。他父亲请了一位家庭教师，辅导他们兄弟三人学习文化。学习之余，诺贝尔喜欢跟着父亲，在工厂里做些零碎活，看父亲设计和研制水雷、水雷艇和炸药。耳濡目染，幼小的诺贝尔萌发了献身科学的理想。父亲也希望他学机械，长大后成为机械师。就这样诺贝尔从小主要受家庭教师的教育，16岁就成为很有能力的化学家，而且能流利地说英、法、德、俄、瑞典等几个国家的语言。

诺贝尔在17岁那年便以工程师的身份远渡重洋到美国一个有名的工场里实习。实习期满后，他又到欧美各地考察了4年，才回到家中。

诺贝尔一生致力于炸药的研究，致力于科学发明的实用普及。从1886年到1896年，诺贝尔跨国公司已遍及21个国家，拥有90余座工厂，员工达万人，已成为一个庞大的工业帝国。诺贝尔一生没有妻室儿女，也没有固定住所。他曾说过："我在哪里工作，哪里就是我的家。"诺贝尔毕生共有近400项发明，拥有355项专利发明。他在逝世的前一年，1895年11月27日立下遗嘱，将其遗产所得利息设立物理学奖、化学奖、生理学或医学奖、文学奖、和平奖5种奖金，授予世界各国在这些领域里对人类做出重大贡献的人，也就是诺贝尔奖。1896年12月10日诺贝尔去世，终年63岁。

诺贝尔是一个在各方面对比鲜明的人。他是一个破产者的儿子，但成了百万富翁；他是一个科学家却热爱文学，一个实业家竟然还是一个理想家。他财产丰厚，但过着简朴的生活；和客人在一起他兴致勃勃，可是私下里经常郁郁寡欢。他是个热爱人类的人，却从未有过妻子和儿女来热爱他；他是个热爱祖国的人，却孑然一身，死在异国。他发明了一种新的炸药——甘油炸药，以改进采矿和道路修筑等和平时期工业，但他却看到炸药被用作战争武器以杀伤人类。他的成就驰名全世界，而他个人却始终默默无闻，因为他整个一生总是避免抛头露面。他曾经说："我认为我不配成名，而且我也不爱成名。"但是他死后，他的名字却给别人带来了名气和荣誉。

诺贝尔一生共获得技术发明专利355项，其中以硝化甘油制作炸药的发明最为闻名，他不仅从事研究发明，而且进行工业实践，兴办实业，在欧美等五大洲20个国家开设了约100家公司和工厂，积累了巨额财富。在即将辞世之际，诺贝尔立下了遗嘱："将我的财产变做基金，每年用这个基金的利息作为奖金，奖励那些在前一年度为人类做出好的贡献的人。"

诺贝尔奖是以诺贝尔总资产的94％，约3100万瑞典克朗作为基金创立的。诺贝尔奖分设物理学奖、化学奖、生理或医学奖、文学奖、和平奖五个奖项，根据诺贝尔遗嘱，在评选的整个过程中，获奖人不受任何国籍、民族、意识形态和宗教信仰的影响，评选的第一标准是成就的大小。

1901年即诺贝尔逝世5周年时诺贝尔奖首次颁发。诺贝尔奖包括金质奖章、证书和奖金。诺贝尔金质奖章约重270克，直径6.5厘米，正面是诺贝尔的浮雕像。不同奖项，奖章的背面图案不同。

诺贝尔奖章

瑞典斯德哥尔摩诺贝尔奖颁发地点（童之侠拍摄）

天赋平凡的马赫
不辍学习成为著名科学家 76

马赫(1838—1916)，奥地利一捷克实验物理学家、哲学家、心理学家、生理学家，他还是一位杰出的科学史家、科学哲学家。

恩斯特·马赫祖籍在波希米亚古哈布斯堡王室领地布拉格北部山区的一个小镇。他出生在希尔利茨的外公家。父亲受过高等教育，是给贵族讲课的家庭教师。马赫7岁时，父亲开始引导和培养他对科学的兴趣，带他做些简单的实验。马赫对数学很有兴趣，在父亲的指导下，他不久就能自学了。8岁时他的代数知识已超过他父亲十几岁的学生，他能跟着这些大孩子们一起正常听课。

1847年，马赫被送到一个僧侣主办的中学初级班学习。这个9岁的孩子学习希腊语和拉丁文有些困难，对于"敬畏上帝乃是智慧之端"之类的格言没有兴趣。唯一有兴趣的课是地理课，从此欧洲大陆的地形一直深深地印在他的脑海中。这个教会学校的教师认为他"没有天赋"，劝告他的父亲说，这个孩子不适合研究学问，应该让他去学一门手艺。他父亲只好把孩子带回家，亲自教他中学的课程。博学的父亲在家里给他讲授拉丁文、希腊语、历史、初等代数和几何原理等。马赫上午听父亲讲课，下午有时间就去干农活。他自己后来说，这种经历使他懂得了"对体力劳动者应有的尊重"。少年马赫想要掌握一门手艺，他请求父亲允许他去学木匠，父亲应允之后，每星期有两天，他在邻近的一位熟练的木工师傅那里学做细木工，并坚持了两年多。他后来还常常回忆那段经历："晚上疲倦的时候，坐在散发着香味的木堆上，设想未来的机器，如飞机之类的东西"。

马赫受到的最大的鼓励不是来自学校，而是他父亲的藏书。父亲的藏书中有一本康德的《未来形而上学导论》，15 岁的马赫如饥似渴地阅读。这部著作给他留下了深刻的印象，他对认识论产生了兴趣。马赫说，他的自然科学思想和心理学思想都是受康德这部著作启发的："我不墨守康德的思想，但是我仍然感激他给予我的启发，这种启发也引导我对力学进行历史的、批判的研究。"

1855 年，马赫进入维也纳大学，学习物理和数学。1860 年，22 岁的马赫获得博士学位。1861 年他给维也纳医科大学的学生讲授物理学和高级生理物理学课程，表现出他是一个很好的教师。这时马赫还产生了把物理学应用于生理学和心理学的兴趣。1864 年，马赫被任命为数学教授。1864—1867 年间他讲授数学、物理学、生理学和心理学，并在这些学科的交叉领域获得了重要研究成果。他发现后来被称为马赫带的生理现象，即人的眼睛有一种倾向，一个带有不规则的锥形黑色缺口的白色圆盘，在其旋转时，形成亮带和暗带，而不是想象的那样亮度连续变化。

1867 年，马赫任布拉格大学物理教授。以后分别担任布拉格大学和德语大学校长。除了行政职务，还在力学、声学、光学、热学、流动力学以及电学等许多方面有重要建树。他提出了超声学原理和后来以他的名字命名的马赫数。马赫数成为流体力学中的一个常用概念，即物体如飞机在流体中的运动速度与声音在流体中的速度之比。

马赫一生主要致力于实验物理学和哲学的研究，发表过 100 多篇关于力学、声学和光学的研究论文和报告。马赫效应、马赫波、马赫角等这些以马赫命名的术语，在空气动力学中广泛使用，这是马赫在力学上的历史性贡献。他首先用仪器演示声学多普勒效应，提出过 N 维原子理论等。马赫是有名的教育家，他写的《大学生物理学教程》和《中学生低年级自然科学课本》再版 20 余次，使用了 40 多年。

马赫在阅读古典作家的作品时，这些古代语言引起了他的兴趣。马赫在理解和翻译原文方面竟达到熟练的程度。后来一位多年讲授古典语言的老师说："多么令人惊奇，物理学家马赫在掌握古典语言上比许多语言专家都好！"

学历不高的爱迪生
拥有众多的发明专利

77

托马斯·爱迪生（1847—1931），
美国著名发明家、物理学家、企业家。

爱迪生小时候，有一次到了吃饭的时候，家里人仍不见爱迪生回来，父母很焦急，四下寻找，直到很晚才在场院边的草棚里发现了他。父亲见他一动不动地趴在放了好些鸡蛋的草堆里，问爱迪生在干什么，小爱迪生回答说："我在孵小鸡呀。"原来，他看到母鸡会孵小鸡，觉得很奇怪，想自己也试一试。当时，父亲又好气又好笑地将他拉起来，告诉他：人是孵不出小鸡来的。在回家的路上，他还迷惑不解地问："为什么母鸡能孵小鸡，我就不能呢？"

1855年，爱迪生开始上学。因为爱迪生有刨根问底的天性，在上课时经常问老师一些奇怪的问题，如：风是怎么产生的？一加一为什么等于二，而不是四？仅三个月的时间，他就被老师以"低能儿"的名义撵出学校。他的母亲南希当时是一家女子学校的教师，她不认为自己的孩子是"低能儿"，就自己教爱迪生。据南希平日观察，爱迪生不但不是"低能儿"，而且时常显示出特有的才华。南希经常让爱迪生自己动手做实验，有一次讲到伽利略的比萨斜塔实验时，南希让爱迪生到自己家旁边的高塔上尝试，爱迪生拿了两个大小和重量不同的球同时从高塔上抛下，结果两球同时落地。爱迪生觉得很神奇，兴奋地告诉母亲实验结果，这次实验也铭刻在爱迪生脑海里。母亲良好的教育方法，使得爱迪生认识到读书的重要性。爱迪生在母亲的指导下阅读了莎士比亚、狄更斯的著作和许多重要的历史书籍，并被书中洋溢的真知灼见吸引、影响。

爱迪生10岁时开始对化学产生了兴趣，他在自己家的地窖里按照教科书的讲解做实验。为了有足够的钱购买化学药品和实验设备，他开始找工作赚钱。经过一番努力，他找到了在火车上售报的工作，每天辗转于休伦港和底特律之间，但只要一有空他就会去图书馆看书。1861年，爱迪生用卖报挣来的钱买了一架旧印刷机，开始出版自己主编的周刊《先驱报》，创刊号是在列车上印刷的，他既是社长、记者、发行人，也是印刷工人和报童。在爱迪生工作的火车上有一间休息室，由于空气不流通，没人去那休息，成了空房间。爱迪生天天都在火车上奔波，每天很晚才回家，常常感到时间不够用，爱迪生想，如果把那间休息室改为实验室的话，在返回休伦港的途中就可以做实验了。在征得列车长的同意后，那间无人的休息室便成了爱迪生的实验室。虽然做实验方便了很多，但意外也时常发生，有一次他实验室中的化学物品突然着火，给列车造成了损失，列车长一气之下把他的实验器材扔出了车外。

1862年8月，爱迪生在火车轨道上救了一个男孩，而那个孩子的父亲是火车站的站长麦肯齐。站长非常感激爱迪生，便传授他电报技术。在麦肯齐的指导下，爱迪生学会了电报技术。在1864年至1867年间，爱迪生担任报务员，过着流浪的生活，生活没有保障。1868年底，爱迪生来到波士顿，同年他获得了第一项发明专利，这是一台"投票计数器"。爱迪生认为这台装置会加快国会的工作，会受到欢迎。但是一位国会议员告诉他，有的时候慢慢地投票也是出于政治上的需要，爱迪生决定再也不创造人们不需要的发明。

1869年，爱迪生来到纽约，他在一家公司找工作时，恰巧那里的一台电报机坏了。爱迪生很快就修好了那台电报机，受到了经理的赏识，于是他成了那里的电报技师，有了安定的工作环境和工资。这为他以后的发明提供了良好条件。同年10月，爱迪生与富兰克林·波普联合创办了公司，专门经营电气工程的科学仪器，同时发明了印刷机。1870年，爱迪生把印刷机的专利权售给华尔街一家公司，让经理自己出个价，本想几千美元就够了，那位经理居然给了爱迪生四万美元。爱迪生得到四万美元后，在新泽西州瓦克市的沃德街建了一座工厂，制造各种电气机械。

1877年，爱迪生改进了早期由亚历山大·贝尔发明的电话机，不久开办了电话公司。在改良电话机的过程中，他发现传话筒里的膜板随说话声音而震动，他找了一根针，竖立在膜板上，用手轻轻按着上端，然后对膜板讲话，声音能使针相应产生颤动，爱迪生为此画出草图让助手制作出机器，后来经过多次改进，第一台留声机就这样诞生了。

1878年，爱迪生开始研究电灯，但因为经济原因，他不得不寻找经济资助，以便为实验提供经费。不久他找到了几个股东，筹集了五万美元用于研究电灯。但爱迪生屡屡失败，很快用完了五万美元，一部分股东的信念开始摇动，爱迪生苦苦劝说，股东们才决定再拿五万美元。爱迪生用了1600多种材料进行试验，1879年，电灯终于研制成功了，连续用了约45个小时之后，这盏电灯的灯丝才被烧断，这是人类第一盏有实用价值的电灯。1880年，爱迪生派助手在世界各地寻找适用的竹子，有6000种左右，其中日本竹子所制碳丝最为实用，可持续点亮1000多个小时，达到了耐用的目的。

爱迪生一生专心致志搞发明，他除了在留声机、电灯、电话、电报、电影等方面的发明外，在矿业、建筑业、化工等领域也有不少创新。爱迪生一生中的发明有2000多种。他的文化程度很低，对人类的贡献却这么大。他除了有一颗好奇的心，一种亲自试验的本能，还具有超乎常人的从事艰苦工作的无穷精力和勇敢精神。

纽约风光（童之侠拍摄）

78 聋哑人的语言教师
贝尔反复试验发明电话

亚历山大·贝尔（1847—1922），
著名的苏格兰裔发明家、企业家。

贝尔出生于苏格兰的爱丁堡，并在那里接受了初等教育。贝尔的父亲毕生都从事聋哑人的语言教育事业。由于家庭的影响，贝尔从小就对声学和语言学有浓厚的兴趣。他是一个声学生理学家和聋哑人教师。在电话发明以前，人们异地联系的主要方式是发送电报。但发电报不仅麻烦，而且也不能进行及时的双向信息交流。因此，人们开始探索一种能直接传送人类声音的方式。

在美国波士顿的声音生理学校里，经常聚满了众多的观摩者。这是一所不寻常的学校，专门训练那些因耳聋而无法学习发音说话的孩子。经过训练的孩子，虽然听不到别人的声音，但是却可以依别人的唇形，练习说出话来。贝尔的父亲因研究声音学而闻名，因此，加拿大的女王大学聘他为讲师，美国也有邀请他。贝尔的父亲见儿子也学有所成，就推荐了儿子。于是贝尔迁居波士顿，开设了声音生理学校，从事聋哑儿童的教育。他的教学法获得了辉煌的成果，不久就被波士顿大学聘为教授，当时他才26岁。

贝尔努力地想使耳聋的孩子们通过间接的途径理解并融入这个有声世界。他向他们解释振动如何产生声波，声波又如何在有正常听力的人们的耳中产生振动。他让孩子们拿着一只气球，并贴近气球的一端，然后他用嘴唇贴着气球的另一端说话，让孩子们感觉到振动。他还通过一根羽毛来展示说话时的呼吸，他把孩子们的手放在自己的喉部，让孩子们感觉到他发出不同声音时声带的振动。他常常想"为什么不能借助电来传播声音呢？"他访问了一位华盛顿电报技师，向他提出自己的想法："以电线传送音波的事，可能吗？"那位技师哈哈大笑说："你对电气真是门外汉，电线怎么能传声呢？只要稍有电气知识的人，就不会有这种念头。以后你多多学习电学，才不会闹这种笑话。"贝尔听了，并没有因此而断了这种念头。

有一次，他在做电报实验时，偶然发现了一块铁片在磁铁前振动会发出微弱声音的现象，而且他还发现这种声音能通过导线传向远方。这给贝尔以很大的启发。他想，如果对着铁片讲话，不也可以引起铁片的振动吗？这就是贝尔关于电话的最初构想。贝尔发明电话的努力得到了物理学家约瑟夫·亨利的鼓励。亨利对他说："你有一个伟大发明的设想，干吧！"当贝尔说到自己缺乏电学知识时，亨利对他说："学吧"。在亨利的鼓舞下，贝尔开始了实验。

他利用业余时间去学习电气方面的知识。随后的两年里贝尔刻苦用功掌握了电学知识，再加上他扎实的语言学知识，这些使他如同插上了翅膀。他辞去了教师的职务，一心扎入发明电话的试验中。

贝尔在实验中发现了一个有趣现象：每次电流通断时，线圈会发出类似于莫尔斯电码的"滴答"声。这引起贝尔大胆地设想：如果能用电流强度模拟出声音的变化，不就可以用电流传递语音了吗？在万事俱备只缺合作者时，他偶然遇到了18岁的电气工程师沃森。从此，贝尔和他的助手沃森就开始了设计电话的艰辛历程。

经过无数次失败后，他们终于制成了两台样机，但试验没有成功，两人的声音是通过公寓的天花板而不是通过机器互相传递的。正在他们冥思苦想之时，窗外吉他的叮咚声提醒了他们：送话器和受话器的灵敏度太低了！他们又开始夜以继日地改进机器。

1875年的一个傍晚，他们开始实验，刚开始沃森只从受话器里听到嘶嘶的电流声，后来终于他听到了贝尔清晰的声音"沃森先生，快来帮我啊！"原来，贝尔不小心把瓶内的硫酸溅到了腿上，他疼痛得喊叫起来。想不到，这句话竟成了人类通过电话传送的第一句话。正在另一个房间工作的贝尔的助手沃森，是第一个听到电话声音的人。贝尔得知自己试验的电话已经能够传送声音时，热泪盈眶。当天晚上，他写给母亲的信中说："朋友们各自留在家里，不用出门也能互相交谈的日子就要到来了！"当时贝尔28岁，沃森21岁。他们趁热打铁，经过半年的改进，终于制成了世界上第一台实用的电话机。

1876年，贝尔的专利申请被批准。1877年，也就是贝尔发明电话后的第二年，在波士顿设的第一条电话线路开通了，从此开始了公众使用电话的时代。

波士顿风光（童之侠拍摄）

生理学家巴甫洛夫
学习刻苦做大量实验

79

伊万·彼德罗维奇·巴甫洛夫（1849—1936），俄国生理学家、心理学家。

巴甫洛夫出生在俄国中部的一个小城，他的父亲是位乡村牧师，母亲有时在富人家做女佣以贴补家用。巴甫洛夫是父母5个子女中的长子，自幼养成负责的个性。他从小学习勤奋，兴趣广泛。由于他父亲喜欢看书，家中有许多赫尔岑、车尔尼雪夫斯基等人的著作，在父亲的影响下，他一有空就爬到阁楼上，如饥似渴地阅读那里有趣的藏书。他21岁考入圣彼得堡大学，先入法律系，后转到物理数学系自然科学专业。巴甫洛夫在大学三年级时对生理学和实验产生了浓厚兴趣，找到了所要主修的学科从此投入生理学的研究。为了把实验做好，他不断用各种方法练习双手，渐渐地精细的手术他也能迅速完成，老师很欣赏他的才学，常常叫他做自己的助手。

大学期间，巴甫洛夫尽管学习优异并且年年获得奖学金，但是生活还是比较清贫，需要给别人做家庭教师才能维持日常生活。为了节省车费，他每天都要步行走很远的路。清贫的巴甫洛夫学习十分刻苦。他学习优异，手术做得又快又好，渐渐地有了名气。巴甫洛夫四年级时在老师的指导下和另一个同学合作，完成了关于胰腺的神经支配的第一篇科学论文，获得了学校的金质奖章。巴甫洛夫在生理学上投入时间太多，大学最后一年主动要求留级，1875年，巴甫洛夫获得了生理学学士学位。

巴甫洛夫关于消化道的研究是首先把狗的食管经过手术进行切断，然后让狗饿一天以后，把这只饥饿的狗拉到了实验室，在狗的面前放一盘鲜肉，狗一见鲜肉，便贪婪地吞了起来，咀嚼了几下就咽下去了。可是不一会儿，咽下去的肉又掉了出来，这是因为食管已被切断，肉根本进不了胃里，狗却依然贪婪地吃着。这只狗徒劳地吃了四五分钟后，奇怪的现象出现了，在通向狗胃的一根橡胶管里流出了大量的胃液。胃液不断分泌，是狗的迷走神经的冲动引起的。巴甫洛夫对这只狗的迷走神经也动过手术，已在上面引出一根丝线。现只要他稍微提动一下丝线，就切断了脑与胃之间的联系。结果狗尽管还是在不断地吞咽鲜肉，但胃液却停止分泌了。这就是著名的"假饲"实验，它可以使人们观察到狗的消化腺的分泌情况。

巴甫洛夫在研究实验中发现狗只要一看见食物，唾液分泌量就增加，在实际吃到食物以前狗就已经开始分泌唾液了。这种现象引起了巴甫洛夫的兴趣，他把这种现象叫作"心因性分泌"，开始了他对条件作用的研究。巴甫洛夫通过实验发现，只要食物落到狗的口中，它就会泌出唾液，如果食物是湿的，分泌的唾液就少些，食物是干的，分泌的就多些。这种反射活动是狗和其他一切动物生来就有的，巴甫洛夫称它为非条件反射。在后来的实验中，他又发现一个非常重要的事实，除了食物刺激口腔会引起狗的唾液分泌以外，其他的刺激，比如光、声音等的刺激也能引起狗的唾液分泌。1903年，巴甫洛夫在马德里的国际医学年会上宣读了他的实验和研究报告，认为条件反射是高等动物和人类对环境作出反应的生理机制。1904年，诺贝尔奖基金会将该年度的生理学或医学奖授予了巴甫洛夫，他是世界生理学家中第一位享有这种荣誉的科学家。

俄罗斯西伯利亚风光
（童之侠拍摄）

心理学家弗洛伊德 80
成长于一个民主家庭

西格蒙德·弗洛伊德（1856—1939），奥地利精神病医生、心理学家、精神分析学派的创始人。

弗洛伊德出生于一个犹太家庭，父亲雅各布一位心地善良、助人为乐的人，他虽然经商，但为人诚实、单纯。这些性格对弗洛伊德有很大的影响。

弗洛伊德的父亲是他最早的老师。父亲常常利用一切机会向自己的儿子传授基本知识和生活经验，还经常带年幼的弗洛伊德外出散步，途中跟儿子聊天对话。后来散步成为弗洛伊德成年后最主要的爱好。在弗洛伊德的家里经常召开"家庭会议"，讨论家中的大小问题和重要事务。家中的每个成员，年幼的、未成年的孩子都要参加，发表意见，参与举手表决。有一次，家庭会议研究给新生的小弟弟取什么名字。弗洛伊德主张取名"亚历山大"，并给出了理由。最后，全家人接受了他的意见，小弟弟取名为亚历山大。

出于对儿子的高期望，父母一直对弗洛伊德给予特殊照顾。为了保证他的学习，父母为他看书的小房间装上了当时昂贵的油灯。全家各个房间，晚上点的都是蜡烛，唯独弗洛伊德的小书房是比较亮的油灯。

弗洛伊德9岁时进入中学读书。在这段时期，弗洛伊德学习了大量的知识，从古希腊到古罗马的古典文学，学习了拉丁语、希腊语、法语和英语；他还自学了西班牙语和意大利语。1873年，他进入维也纳大学医学院，1881年，获得医学博士学位，1882年，进入维也纳全科医院工作。1885年，弗洛伊德被任命为维也纳大学医学院神经病理学讲师后不久，获得留学奖学金，前往巴黎学习催眠并在医院实习，1886年返回维也纳。

弗洛姆在《弗洛伊德的使命：人格与影响力分析》一书中提到：谈及弗洛伊德对真理的热望，必须谈及他最卓绝的品质之一——他的勇气。许多人潜在地热望理性和真理，但是很难把这种潜能发挥出来，因为这样做是需要勇气的——而这种勇气却很难得。这里所说的勇气是特殊的。它主要不是敢于牺牲自己的生命、自由或财富。信仰理性的勇气需要直面孤独或孤立，对许多人来说，孤立的威胁甚至比对生命的威胁更难忍受。但是，追求真理必然使探索者身处孤立境地。

弗洛伊德研究理论，也用它来解决实际问题。据说，有一位博士毕业时为自己毕业后从事什么职业而烦恼，左思右想无法决断。一天黄昏在维也纳街头，他遇见了弗洛伊德，于是把自己关于职业选择的烦恼和想法说出来向弗洛伊德求教。弗洛伊德便告诉他，对于不甚重要的决定，前思后想总是会有所帮助。而对于事关一生的重大决定，例如选择配偶或者选择一份终生的职业来说，前思后想似乎并不会有多好的作用。在对于这样事关一生的决定做出选择时，相信自己内在天性之中的声音总是多有益处的。"

弗洛伊德的心理学观点使人们对人类思想的观念发生了彻底的革命，他提出的概念和术语已被普遍使用。弗洛伊德的精神分析理论作为一种心理学派对心理的发展起了巨大的推动作用，它不仅影响了西方当代的文学艺术，而且对宗教、伦理学、历史学也产生了深远的影响。一位美国著名心理学家说："如果一个人的伟大程度可以用他对后世的影响来衡量，那么弗洛伊德无疑是最伟大的心理学家。几乎没有一项探讨人性的问题没有被他触及过。他的学说影响了文学、哲学、神学、伦理学、美学、政治学、社会学和流行心理学。"

两次获诺贝尔奖的 81
杰出科学家居里夫人

玛丽·居里（1867—1934），常被称为"居里夫人"，波兰裔法国籍物理学家、化学家。世界首位两次获得诺贝尔奖的人。

玛丽出生于波兰王国华沙市。父亲乌拉狄斯拉夫·斯可罗多夫斯基是中学教师，母亲是女子寄宿学校校长。玛丽有三姐一兄。玛丽从小学习就非常勤奋刻苦，对学习有着强烈的兴趣和特殊的爱好，从不轻易放过任何学习的机会，处处表现出顽强的进取精神。从上小学开始，她每门功课都考第一。15岁，玛丽以获得金奖的优异成绩从中学毕业。她的父亲早先曾在圣彼得堡大学攻读过物理学，父亲对科学知识如饥似渴的精神和强烈的事业心，也深深地熏陶着小玛丽。她从小就十分喜爱父亲实验室中的各种仪器，长大后她又读了许多自然科学方面的书籍。这更使她充满幻想，她渴望到科学世界探索。

19岁玛丽开始做家庭教师，同时还自修了各门功课，为将来的学业做准备。24岁时，她来到巴黎大学理学院学习。她带着强烈的求知欲望，全神贯注地听每一堂课，她的学习成绩一直名列前茅，这不仅使同学们羡慕，也使教授们惊异。入学两年后，她充满信心地参加了物理学学士学位考试，在30名应试者中，她考了第一名。第二年，她又以第二名的成绩，考取了数学学士学位。

1894年4月，经波兰学者、瑞士福利堡大学物理学教授约瑟夫·科瓦尔斯基介绍，玛丽与皮埃尔·居里结识，1895年7月，玛丽与皮埃尔·居里结为连理。他们两人经常在一起进行放射性物质的研究。1898年，居里夫妇提出推断：沥青铀矿石中必定含有某种未知的放射成分，其放射性远远大于铀的放射性。

同年12月，居里夫妇又宣布发现了另一种新的放射性元素。在此之后的几年中，居里夫妇不断地提炼沥青铀矿石中的放射成分。经过不懈的努力，他们终于成功地分离出了氯化镭。

居里夫妇的实验室条件很差，因为顶棚是玻璃的，夏天，里面被太阳晒得像一个烤箱；冬天，又冷得把人都快冻僵了。居里夫妇克服了人们难以想象的困难，为了提炼镭，他们辛勤地奋斗着。居里夫人每次把20多千克的废矿渣放入冶炼锅熔化，连续几小时不停地用一根粗大的铁棍搅动沸腾的材料，而后从中提取仅含百万分之一的微量物质。他们从1898年一直工作到1902年，经过几万次的提炼，处理了几十吨矿石残渣，终于在1902年年底提炼出了0.1克极纯净的氯化镭，并准确地测定了它的原子量。从此镭的存在得到了证实。

因为他们在放射性物质上的发现，居里夫妇和贝克勒尔共同获得了1903年的诺贝尔物理学奖，居里夫人也因此成为了历史上第一个获得诺贝尔奖的女性。1906年皮埃尔不幸去世，居里夫人继续坚持研究，于1910年分离出纯净的金属镭。1911年，居里夫人又因此获得诺贝尔化学奖。居里夫人获得诺贝尔奖之后，她没有为提炼纯净镭的方法申请专利，而将之公布于众，这种做法有效地推动了

居里夫人在实验室工作

放射化学的发展。

1914年第一次世界大战爆发时，居里夫人倡导用放射学救护伤员，推动了放射学在医学领域里的运用。居里夫人用X射线设备装备了救护车，将其开到了前线。在她女儿的协助下，居里夫人在镭研究所为部队医院的医生和护理员开了一门课，教他们如何使用X射线这项新技术。

20世纪20年代末期，居里夫人的健康状况开始走下坡路，长期受放射性物质的影响使她患上白血病。1934年6月，居里夫人住进法国上萨瓦省的一家疗养院，7月4日在疗养院逝世。医生写下了这样的报告："她所得的疾病是一种发展迅速、伴有发热的继发性贫血。骨髓没有造血反应，可能是因为长期积累的辐射造成的伤害。"

居里夫人一生大大发展了放射科学，长期无畏地研究强烈放射性物质，直至最后把生命贡献给了这门科学。她得过十种著名奖金，得到国际高级学术机构颁发的奖章16枚，世界各国政府和科研机构授予她各种头衔100多个。但是她一如既往地谦虚谨慎。1932年，65岁的居里夫人回到祖国，参加华沙镭研究所的开幕典礼。居里夫人从青年时代起远离祖国，到法国求学，但是她时刻也没有忘记自己的祖国。

82 美国汽车大王亨利·福特勇于创新增产增效

亨利·福特（1863—1947），美国汽车工程师、企业家。

汽车是当今世界上使用最为广泛的交通工具之一，它的发展经历了漫长的过程。亨利·福特是最早使用流水线大批量生产汽车的企业家，他使汽车从少数有钱人享用的奢侈品变为大多数人使用的交通工具。

福特的父母是来自爱尔兰的移民，福特出生在他父母拥有的一座农庄上，他是六个孩子之长。福特小时候的玩具就是各种工具，他从小就对机械感兴趣。有一天，福特在学校里把一块手表拆开了。老师很生气，让他放学后留下来，把表修好才能回家。当时这位老师并不知道小福特拥有的天才技能。只用了十分钟，这位机械奇才就把手表修好了。12岁时，福特见到了"不用马拉的马车"，那个时候的汽车样子丑陋，还有点笨重，但是对机械有着极大兴趣的福特，顿时对这个东西着了迷。他围着汽车转了又转，追着驾驶汽车的师傅问了又问。从那个时候起，福特知道原来蒸汽的动力可以用来拉车。后来，小小的福特建立了自己的机械坊，15岁时他凭借自己的努力造出了一台内燃机，17岁他离开家乡去底特律做机械学徒工。到了23岁，制造经验日渐丰富的福特开始研制使用内燃发动机带动的交通工具。因为这些经验，福特作为机械师掌握了汽车生产、装配的关键，他熟悉制作流程的每一个细节。

多年后，福特的好奇心和动手能力使他得到了回报。1891年，福特成为爱迪生照明公司的工程师。他晋升为总工程师后，有足够的时间和钱财来进行对内燃机的研究。1896年，他制造了他的第一辆汽车，将它命名为"四轮车"。他潜心设计汽车，成立了底特律汽车公司，但只生产了25辆汽车，不久就破产了。他后来在底特律汽车公司当总工程师，三年作坊式的生产之后，他再次辞职，决心"再也不受别人指挥了。"1903年，福特汽车公司成立，他一直担任总经理。

1903年到1908年，福特和他的工程师们研制了19款不同的汽车，按字母顺序将它们先命名为A型车到S型车，其中有的有两个或四个汽缸，有一辆有六个汽缸；有的使用链式传动装置，有的是轮式传动装置。这些汽车最终成了T型车的技术基础。T型车于1908年10月1日推出，很快就令千百万美国人着迷。T型车最初售价仅850美元，随着设计和生产的不断改进，最终降到了260美元。这种大众化汽车因为价格合理，使更多人拥有汽车成为可能，而深受欢迎，

福特T型车

畅销欧洲。

福特不满足已经取得的成就，不断地思考改革创新，提高效率。1913年，世界上第一条流水装配线出现在福特汽车工厂，其想法来自食品包装厂用来加工牛排的空中滑轮。早期的流水线上装配的是底盘，很快整车都在流水线上装配了。传动速度经过了反复试验。流水线按照操作程序安排工人和工具，在整个走向成品的过程中，每个部件都将经过尽可能短的距离，需要装配的零件放在最方便处。流水线把工人动作的复杂性减小了。工人几乎只用一个动作就完成一件事情。借助流水线，福特"单一品种、超大规模"的战略得以实施。这一创举使T型车一共生产了约1500万辆，创造了一个至今未被打破的世界纪录。他说："工厂为了获得真正的经济效益，必须全力以赴地生产一种产品。薄利多销比厚利少销要好得多。"

福特是第一位使用流水线大批量生产汽车的人，他不仅使汽车成为一种大众产品，更带来了工业生产方式的革命。

莱特兄弟从玩竹蜻蜓到 发明飞机飞上天空 83

莱特兄弟是美国发明家，哥哥是威尔伯·莱特（1867—1912），弟弟是奥维尔·莱特（1871—1948）。

兄弟俩从小就对机械十分感兴趣。他们的父亲是一位主教。一天，父亲送给他们一个竹蜻蜓，只要拧紧上面的橡皮筋，竹蜻蜓就会垂直地飞起来。莱特主教当时并没意识到，正是这小小的竹蜻蜓，激起了小哥俩的强烈好奇心，把飞行的种子播撒在两颗幼小的心灵里。

最初，他们仿制了几个竹蜻蜓。当新的竹蜻蜓在空中飞起来时，他们高兴极了。可是，他们做的尺寸大得多的飞行玩具，却怎么也飞不起来。他们并没有退缩，他们明白了，飞行不是一件简单的事，而是一个复杂的、需要以大量知识为基础才可能解决的难题。他们开始广泛阅读有关飞行的书籍和鸟类飞行原理的论著。他们还认真学习数学，勤奋钻研空气动力学等方面的科学知识。从19世纪80年代末开始，他们曾进行了无数次的计算。莱特兄弟不仅努力掌握前人的研究成果、丰富系统的航空理论知识，而且注意向鸟类学习。他们常常仰面朝天躺在地上，一连几个小时仔细观察鹰在空中的飞行，研究和思索它们起飞、升降和盘旋的情况。莱特兄弟虽然没有受过高等教育，却掌握了丰富的航空知识。当年孩子气的飞行兴趣，已转化为坚定的发明信念。被雄厚的知识武装起来的莱特兄弟更加坚信飞机的发明是可能的。

在发明飞机的过程中，莱特兄弟的配合也是完美无缺的。哥哥威尔伯勤勤恳恳、扎扎实实，拥有工程师的细致和谨慎；弟弟奥维尔富有艺术家的丰富想象力，敢于不断地创新。两颗智慧的大脑相互补充，密切配合，正如威尔伯所说：

"奥维尔和我一起生活，共同工作，而且简直是共同思维，就和一个人一样。"

在19世纪的最后几年，莱特兄弟认为制造飞机的条件已经成熟，于是开始自己动手制造飞行器。作为普通的自行车修理工人，他们制造飞机是无法得到别人资助的。然而，已经把全部精力都投入到这一项伟大事业中的莱特兄弟并没有因此而放弃目标。他们决定用做自行车生意赚来的钱来进行飞机的制造工作。认真总结了前人的经验和教训之后，莱特兄弟决定从滑翔飞行实验入手。1897年，他们首次制造了一架精巧的双翼飞机。在观察飞机在空气中改变方向的情况时，他们发现只要用与拉线相连的小棍加以调节，使翼梢保持不同的迎风角度，就能控制飞机的航向。这是一个非常重要的发现，对日后飞机的成功发明影响极大。

从1900年到1902年，莱特兄弟先后制造了3架滑翔机，反复进行了上千次飞行。他们有时从山坡向下滑翔，有时迎风升入空中。他们每次都详细记录下飞机在各种情况下的升力、阻力、速度等数据，并且根据飞行情况，不断改进横向和纵向操纵装置。在这期间，他们的滑翔机多次飞行过1000米以上的距离。莱特兄弟还十分注意采用科学的研究方法。1901年，他们在自行车修理铺内建造了一个小型风洞，对几千种机翼模型进行了动力和拉力试验，还自行设计和制造出测量升力和阻力的仪器。就在这千百次的枯燥的重复实验中，莱特兄弟的飞行器得到了不断改进，飞行性能越来越优良。

1903年夏季，莱特兄弟准备进行人类航空史上第一次动力飞行实验。他们曾写信求助于当时有名的汽车制造商，希望能得到一台8马力的发动机。但是当时没有一家公司愿意冒险制造航空发动机。倔强的莱特兄弟并没有就此罢手，他们自己动手制造了一台12马力的活塞式发动机。这种发动机远比当时的蒸汽发动机更为先进。飞机的另一关键部件螺旋桨的制造也十分困难。莱特兄弟凭借他们杰出的才能和高超的技艺，成功地制造出一台当时最好

莱特兄弟做试验飞行

的木制螺旋桨，与发动机一起安装在"飞行者"1号飞机上。当年9月，"飞行者"1号的部件被运到基蒂霍克，就地组装起来。

1903年的一个清晨，美国北卡罗来纳的基蒂霍克村还在沉睡。来自大西洋和阿尔贝玛尔海湾的强有力的海风在这个不为人知的小渔村中回旋。在这奇寒的早晨，村外空旷的沙滩上静静地停放着展着双翼的"一只巨鸟"。它昂首屹立于凛冽的寒风中，仿佛展翅欲飞。这就是人类历史上第一架飞机。它的机身骨架和机翼全部是用又轻又结实的枞木和桉木制成的。这架长约6.5米，翼展约12米的飞机被安装在一辆特制的滑车上。

九点多钟，精力充沛的莱特兄弟来到试飞场地，细心地做着准备工作。经过紧张而谨慎的调整之后，10点半钟，引擎开动了，两个木制螺旋桨转动起来。32岁的弟弟奥维尔充满信心地登上了"飞行者"1号。只见他俯卧在下翼的一副摇篮形的操纵装置上。这样，除了可以用手操纵发动机的截流活门和升降舵操纵杆，控制机头和机尾的升降运动外，他还可以利用身体的移动来操纵机翼和尾舵。5分钟后，奥维尔解开了制动缆绳，"飞行者"1号开始缓慢地一摇一晃地向前移动，很快就加快了速度。奥维尔有力地拉动了升降舵的操纵杆，在螺旋桨产生的强大推动力的作用下，"飞行者"1号飞了起来。虽然飞得不平稳，但是"飞行者"1号确实在空中飞行了约36米，大概12秒后才落在沙滩上。奥维尔跳下飞机，同奔跑过来的威尔伯紧紧地拥抱在一起，为飞行的成功激动不已。"飞行者"1号的飞行是人类航空史上的一个重要的里程碑。

飞机的发明深刻地影响和改变了人们的生活，飞机已成为现代文明不可缺少的交通工具。

化的飞机

84 原子核物理学之父
卢瑟福桃李满天下

欧内斯特·卢瑟福（1871—1937），英籍新西兰裔物理学家、化学家，于1908年获得诺贝尔化学奖。

卢瑟福出生于新西兰纳尔逊的一个手工业工人家庭。他进入新西兰的坎特伯雷学院学习。23岁时获得了文学学士、文学硕士、理学学士三个学位。1895年，卢瑟福在新西兰大学毕业后，获得英国剑桥大学的奖学金，进入卡文迪许实验室，成为汤姆森的研究生。他提出了原子结构的行星模型，为原子结构的研究做出很大的贡献。1898年，卢瑟福担任加拿大麦吉尔大学的物理教授，1907年，他回到英国任曼彻斯特大学的物理系主任。1919年，卢瑟福接替退休的汤姆森，担任卡文迪许实验室主任。卢瑟福1925年当选为英国皇家学会会长。1937年10月19日在剑桥逝世，与牛顿和法拉第并排安葬。

卢瑟福从小家境贫寒，通过自己的刻苦努力，完成了学业。这段艰苦求学的经历培养了卢瑟福一种认准了目标就百折不回勇往直前的精神。后来学生为他起了一个外号——"鳄鱼"，并把鳄鱼徽章装饰在他的实验室门口。因为鳄鱼从不回头，它张开吞食一切的大口，不断前进。

卢瑟福给那些见过他的人都留下了深刻的印象。他个子很高，声音洪亮，精力充沛，信心十足。1908年，卢瑟福获得诺贝尔化学奖，他对自己不是获得物理学奖感到有些意外，他风趣地说："我竟摇身一变，成为一位化学家了。这是我一生中绝妙的一次玩笑！"

卢瑟福是一位杰出的学科带头人，被誉为"从来没有树立过一个敌人，也从来没有失去一位朋友"的人。当人们评论卢瑟福的成就时，总要提到他"桃李满天下"。在卢瑟福的悉心培养下，他的学生和助手先后荣获诺贝尔奖的有十几位。

他的学生卡皮查说："卢瑟福不仅是一位伟大的科学家，而且是一位伟大的教师。除卢瑟福之外，没有一位当代科学家在他的实验室中培养出这样多的卓越物理学家。科学史告诉我们，一个卓越的科学家不一定是一个伟人，但一个伟大的教师必须是一个伟人。"的确，卢瑟福吸引了大量来自世界各国的优秀青年科学家来到他身边。在他的实验室里，犹如一个和睦的国际大家庭，为了共同的目标，齐心协力，世界一流的研究成果如泉涌般地展现在各国科学家的面前。他在曼彻斯特和剑桥的实验室，被公认为是培养优秀青年科学家的"苗圃"。

科学研究的前提条件是人才，得天下英才而教育培养，是卢瑟福的追求。他认为科学没有国界。他在蒙特利尔、曼彻斯特和剑桥领导的研究组织，一方面与有关国家的物理学家、数学家和化学家保持广泛的联系和合作；另一方面又着眼世界、打破国家、种族和信仰的界限，广泛招收和培养优秀的青年科学人才。

卡文迪许实验室培养学生的方式是"最好让学生用他自己的力量去努力克服他的种种困难。在教师方面，与其把这些困难给他移开，不如鼓励他和它们斗争"。他们认为实验的教学价值时常与仪器的复杂性成反比，"那个用自做的，常引起错误的仪器的学生，比那用仔细调整过，因而他易于相信它而不敢弄坏他的仪器的学生，学得常常要多点。"因此，卡文迪许实验室提出了自制仪器和让学生自己动手实验的规则。在卡文迪许实验室的历史上，研究前沿课题所用的仪器，主要是自己制造的。卡文迪许实验室对学生的训练非常严格，凡实验必须准确无误，凡推理必须立足于坚实可靠的事实，凡言行应该求准和讲求实效。

卢瑟福在培养人才方面，继承和发扬了卡文迪许实验室的优良传统，十分重视实验的观察和研究，放手让学生去思考和动手实验。而且，凡属重要的实验，特别在发现新的现象时，卢瑟福总是要亲自做一遍，以弄清真实情况。每当学生陷入错误的理论或对实验情况说不清楚时，卢瑟福就让他"回到实验室去！重做实验！"卢瑟福告诫学生："搞实验和理论，首要的是实验结果的可靠性。"只有可靠的实验才是科学研究和建立理论大厦的牢固基础，实验是建立理论、发展理论和鉴定理论的唯一标准。他允许助手和学生大胆提出各种设想，但在实验时要求学生一定要拿出可靠的结果来。此外，他又非常重视学生的洞察力和构思物理图像的能力，强调用直接简单的方法说明问题，用简单的实验和设备做出重要的结果。

为了营造自由探究的学术气氛，卢瑟福继承了卡文迪许实验室的每天下午的茶时漫谈会形式，并将此发扬光大。每天下午四时为实验室"茶时"休息时间，人们不分职务和级别，随意参加，上自天文下至地理，形势新闻无所不谈，当然也谈论起各人的实验和研究情况，这时是讨论物理问题最活跃的时刻，常常在谈论中产生出许多重要的物理思想和观念。不少新的观念在这里迸发，很多疑难此时摊开，它被认为是实验室一天中最美好的时光。

卢瑟福把他的知识、智慧和诚挚的心献给他的学生，他只要接受了你，就会负责到底。他的一个学生后来说，这也许就是为什么即使一个最平凡的人，在这里学习二三年后，也会成长为第一流的科学家的重要原因。

新西兰风光（童之侠拍摄）

拒绝出任总统的 **85** 现代物理学奠基人爱因斯坦

阿尔伯特·爱因斯坦（1879—1955），现代物理学家。他创立了相对论。

爱因斯坦出生在德国的一个犹太人家庭，父亲是一个电器作坊的老板。爱因斯坦十五岁时，父亲因企业倒闭带领全家迁往意大利谋生。1896年秋天，爱因斯坦就读于瑞士联邦高等工业学校。在学校里，他除了数学课以外，对其他的课程都不感兴趣。他热衷于探索自然界的奥秘，利用课外时间阅读大量有关哲学和自然科学的书籍。爱因斯坦1900年毕业后，长期找不到工作。两年后，他才在瑞士联邦专利局找到一份简单的工作。他不畏工资低微的清贫生活，坚持不懈地利用业余时间进行科学研究并不断取得成果。1905年爱因斯坦在物理学方面的研究取得突破性进展，创立了狭义相对论。这时他刚26岁。

1905年爱因斯坦发表了关于狭义相对论的第一篇文章后，并没有立即引起很大的反响。但是当时德国物理学的权威人士普朗克注意到了他的文章，认为爱因斯坦的工作可以与哥白尼相媲美。由于普朗克的推动，相对论很快成为人们研究和讨论的课题，爱因斯坦也受到了学术界的注意。1907年，爱因斯坦撰写了关于狭义相对论的文章《关于相对性原理和由此得出的结论》。这时，在德国物理学界爱因斯坦已经很有名气，但在瑞士，他却得不到一个大学的教职，许多有名望的人开始为他鸣不平。1908年，爱因斯坦终于得到了编外讲师的职位，并在第二年当上了副教授。1912年，爱因斯坦当上了教授。他在1916年写了一本通俗介绍相对论的书《狭义与广义相对论浅说》，到1922年已经再版了40次，被译成十几种文字，广为流传。

一个记者问爱因斯坦关于他成功的秘诀。他回答："早在1901年，我还是22岁的青年时，我已经发现了成功的公式。我可以把这公式的秘密告诉你，那就是$A=X+Y+Z$！A就是成功，X就是努力工作，Y是懂得休息，Z是少说废话！这公式对我有用，我想对许多人也一样有用。"

1952年，爱因斯坦的老朋友以色列首任总统魏茨曼逝世。驻华盛顿的以色列大使打来电话说："教授先生，我是奉以色列共和国总理本·古里安的指示，想请问一下，如果提名您当总统候选人，您愿意接受吗？""大使先生，关于自然，我了解一点，关于人，我几乎一点也不了解。我这样的人，怎么能担任总统呢？"大使劝说："教授先生，每一个以色列公民，全世界每一个犹太人，都在期待您呢！"爱因斯坦被同胞们的好意感动了，但他想的更多的是如何委婉地拒绝大使和以色列政府，而不使他们失望。不久，爱因斯坦在报上发表声明，正式谢绝出任以色列总统。在爱因斯坦看来，"当总统可不是一件容易的事"。同时，他还再次引用他自己的话："方程对我更重要些，因为政治是为当前，而方程却是一种永恒的东西。"

比利时风光（童之侠拍摄）

爱因斯坦从小喜欢运动，在读大学时，就每天抽出时间散步，节假日还要出外旅游或划船。他在学习或工作十分紧张的情况下，仍会抽空参加多种文体活动，尤其喜欢爬山、骑车、赛艇、散步。爱因斯坦去比利时访问时，国王和王后特地成立了一个接待委员会。那一天，火车站张灯结彩，鼓乐齐鸣，许多官员身穿笔挺的礼服，准备隆重地欢迎这位杰出的科学家。火车到站以后，旅客纷纷走下车来，却不见爱因斯坦的影子，他到哪里去了呢？原来，他避开了那些欢迎的人，由火车站步行走向王宫。负责招待的人没有迎来贵宾，正在焦急地向王后报告时，爱因斯坦风尘仆仆地赶到了。王后问他："为什么不乘我派去的车而步行呢？"他笑着回答说："我平生喜欢步行，运动带给了我无穷的乐趣。"爱因斯坦常对人说：学习时间是个常数，它的效率却是个变数，单独追求学习时间是不明智的，最重要的是提高学习效率。他认为通过文体活动，才能获得充沛的精力，保持清醒的头脑，爱因斯坦说：工作和休息是走向成功之路的阶梯，珍惜时间是有所建树的重要条件。

86 电视之父贝尔德
克服重重困难获得成功

约翰·贝尔德（1888—1946），工程师、发明家，被称为"电视之父"。

贝尔德出生在英国，从小体弱多病，多次差一点被病魔夺去生命。然而，身体的脆弱磨炼了他克服困难的勇气和毅力。大学毕业后，他在电气公司工作。他对工作一丝不苟，很短时间就修好了几台几乎要淘汰的机器，深受公司器重。后来无情的病魔缠住了他，他只好辞职养病。1923年的一天，一个朋友告诉他："既然马可尼能够远距离发射和接收无线电波，那么发射图像也应该是可能的。"这使他受到很大启发。贝尔德决心要完成"用电传送图像"的任务。他将自己的财产卖掉，收集了大量资料，并把所有时间都投入研制电视机上，最后完成了电视机的设计工作。

少年时贝尔德就读于皇家技术学校，在那里听到了有关电视实验的情况。毕业后，他曾经营过肥皂业，但是他的兴趣不在这上面。他迷恋上了电视研究。1906年，年仅18岁的贝尔德建立了一个实验室，着手对电视的研究。贝尔德没有实验经费，只好从旧货摊、废物堆里觅来种种代用品，装配了一整套用胶水、细绳、火漆及密密麻麻的电线粘接串联起来的实验装置。贝尔德用这套装置夜以继日地进行实验，小心地装了又拆，拆了又装，不断加以改进。失败一次又一次接踵而来，贝尔德从一个稚嫩的小伙子变成了满脸胡子的中年人，长期的饥饿与劳累使得他的健康状况变坏。他贫病交加，不知道该怎样维持这难熬的日子，只知道一心扑在电视实验上。

功夫不负有心人，1924年春天，他终于成功地发射了一朵十字花，那图像还只是一个忽隐忽现的轮廓，发射距离只有3米。然而，他突然变成伦敦报界的新闻人物了，但这不是由于他实验的成功，而是由于一次几乎使他送命的意外事故。 原来为了得到2000伏电压，他把几百只手电筒连接起来。一不小心，他触及了一根连接线，电流立即把他击倒在地，身体蜷成一团，一只手烧伤。事故发生的次日早晨，《每日快报》用大字标题报道"发明家触电倒地"。

1925年的一天，伦敦一家最大的百货商店的老板找上门来，向贝尔德提出一个诱人的合同，每周给他25英镑，免费提供一切必要材料，条件是贝尔德每日三次在该百货商店电器部把新发明进行公开表演。 这位发明家虽然知道这套设备对广大公众公开表演还为时过早，但为了解决研究经费，只得同意签订合同。于是百货商店腾出电器部一角供他使用，并出告示招徕顾客。自此，百货商店每天顾客盈门，一批又一批的人群赶来观看贝尔德发明的东西。可是，面对发射机和接收机，几乎没人真正明白它的意义。观众所看到的只是不清楚的影子和闪烁不定的轮廓，大多数人对贝尔德的发明只是耸耸肩膀或付之一笑。贝尔德对这种表演也厌烦透了，他向百货商店提出终止合同的要求，他又搬回河口街的家里。

贝尔德再一次陷入困境，晚饭有一顿没一顿，他靠着省下一点饭钱来添置设备。衣服坏了，鞋子破洞，他都无钱修补，身体也变得更加糟糕。因为没有钱付房租，房东扬言要叫人把他赶出去。他为了寻找经济资助人，拖着疲惫的步子，走遍了伦敦的大街小巷。他访问报馆，想通过报纸的宣传引起人们的关注，但记者们都已经看到贝尔德在商店的表演，都回答说："你能传送一张脸给大家看，这就是我们的新闻啦！"好几次，他一到报馆门口，就会被门卫拒之门外，因为门卫早被吩咐："把那个疯子赶紧打发走！"他几乎到了山穷水尽的地步了，无奈之下，贝尔德只好向苏格兰老家要钱。对于家里能否寄钱，他不抱多大希望。然而，意外之事发生了，苏格兰的家人给他寄来了500英镑，这是两个堂兄弟汇给他作为入股资金的。这真是绝处逢生。一家小规模的电视有限公司宣告成立。贝尔德开足马力，进行一个又一个的试验。他的唯一的助手是一个木偶头像，他为它取名比尔，他要通过发射机把比尔的脸传送到邻室的接收机上。

1925年的一天，贝尔德在室内安上了一具能使光线转化为电信号的新装置，希望能用它把比尔的脸显现得更逼真些。他按动了机器上的按钮，一下子比尔的图像在屏幕上显现出来，他简直不敢相信自己的眼睛，他揉了揉眼睛仔细再看，那不正是比尔的脸吗？尽管画面上木偶的面部有些模糊，但那千真万确是木偶比尔的脸。贝尔德兴奋得一跃而起，此时浮现在他脑际的只有一个念头，赶紧找一个活的比尔来，传送一张活生生的人脸出去。

贝尔德楼下是一家影片出租商店。这天下午，店内正在营业，突然，楼上搞发明的贝尔德闯了进来，碰上第一个人便抓住不放。那个被抓的人便是15岁的店员威廉。几分钟后，贝尔德在"魔镜"里便看到了威廉的脸——那是通过电视播送的第一张人脸。实验成功了！接着，贝尔德又邀请英国皇家科学院的研究人员前来观看他的新发明，放映非常成功。

经过长时间的艰苦奋斗和无数次失败之后，贝尔德终于用电信号将人的形象搬上了屏幕。1929年，英国广播公司允许贝尔德公司开展公共电视广播业务。1928年，贝尔德将影片从英国伦敦用无线电波传送到美国纽约，取得了举世震惊的成就。电视事业被各国广播公司作为主要开发目标。贝尔德已有英国政府及英国广播公司(BBC)资助，在他更进一步地全力研发、努力不懈下，1929年底电视台播送了他的新发明有声电视。后来，贝尔德又提出了彩色电视系统的构思。贝尔德一生为了理想，百折不挠，顽强奋斗。

科学全才冯·诺依曼 首创计算机采用二进制

87

冯·诺依曼（1903—1957），数学家、计算机科学家、物理学家，被称为"计算机之父"。

诺依曼生于匈牙利的布达佩斯。家境富裕，父亲是银行家，十分注意对孩子的教育。诺依曼从小聪颖过人，兴趣广泛，读书过目不忘。他掌握了七种语言。六岁时就能用古希腊语同父亲交谈。他最擅长德语，当他用德语思考时，又能同时译成英语。他对读过的书和文章，能很快把内容复述出来，而且很多年后，仍然可以做到。

诺依曼1926年获得了布达佩斯大学数学博士学位。1931年，诺依曼成为美国普林斯顿大学的第一批终身教授，那时他还不到30岁。在经济学方面，他被誉为"博弈论之父"。在物理领域，诺依曼的论文被证明对原子物理学的发展有极其重要的价值。在化学方面，他获得了苏黎世高等专业学院化学学位。

1944年，诺依曼参加原子弹的研制工作，这个工作涉及极为复杂的计算。实验室为此聘用了一百多人从早到晚计算，还是远远不能满足需要。

当时承担开发世界上第一台现代电子计算机"埃尼阿克"任务的小组由四位年轻的科学家和工程师组成，诺依曼偶然得知了这个计算机的研制计划，并在研制中期被介绍参加计算机研制小组。他便带领这批富有创新精神的年轻科技人员向着更高的目标进军。在研制过程中，诺依曼显示出他雄厚的数理基础知识，充分发挥了他探索问题的能力和综合分析能力。

诺依曼针对"埃尼阿克"的缺点，提出了重要的改进方案。他建议在电子计算机中采用二进制，并预言二进制的采用将大大简化机器的逻辑线路。二进制是现在计算技术中广泛采用的一种数制。它的基数为2，进位规则是"逢二进一"。它具有数字装置简单可靠、所用元件少、基本运算规则简单以及运算操作方便的优点。实践证明了诺依曼预言的正确性。新方案还奠定了计算机的五个组成部分：运算器、逻辑控制装置、存储器、输入设备和输出设备。程序内存是诺依曼的另一杰作。通过对"埃尼阿克"的考察，诺依曼敏锐地抓住了它没有真正的存储器的最大弱点。"埃尼阿克"只有暂存器，它的程序是外插型的，指令存储在计算机的其他电路中，解题之前必须先通过手工把相应的电路联通，这种准备工作要花几小时甚至几天时间，而计算本身只需几分钟。

计算的高速与程序的手工缓慢操作存在着很大的矛盾。针对这个问题，诺依曼提出了程序内存的想法，把运算程序存在机器的存储器中，程序设计员只需要在存储器中寻找运算指令，机器就会自行计算，这样就不必每个问题都重新编程，从而大大加快了运算进程。根据以上设想，诺依曼发表了一份100多页的报告。他介绍了制造电子计算机和程序设计的新思想，这个报告提出的计算机体系结构至今还在使用，称为诺依曼结构。诺依曼对计算机的许多关键性问题的解决做出了重要贡献，他在发明电子计算机中起到关键性作用，因此被誉为"计算机之父"。

马丁·库帕化挫折为动力发明移动电话 88

马丁·库帕，美国著名发明家。

电话的发明使人类享受到了沟通的方便，随着无线电报和无线广播的发明，人们更希望能有一种能随身携带、不受电话线路限制的通信工具。20世纪20年代出现了对讲机，60年代专用无线电话系统出现，在公安、消防等行业中开始应用。不久之后，手机也诞生了，它的发明者是美国人马丁·库帕，他1928年出生于美国芝加哥的一个乌克兰移民家庭。库帕毕业后求职的时候，他想到了无线电通信技术领域的著名人物乔治。库帕从小就热衷于无线电学习，他想进入乔治的公司，他想从乔治那里学到更多知识。

这一天，库帕精心做了准备，并特意买了礼物，一遍又一遍地默念着见到乔治时想说的话。来到了乔治的办公室门口，库帕轻轻地敲了一下门。门开了，是乔治。他满心欢喜地准备和乔治说话的时候，乔治粗暴地关上了门，在门里对他说："我正在攻关一项科研，请不要打扰我。"库帕第一次与乔治的见面，连话都没有说上一句。库帕不甘心，过了几天，他又来到乔治的办公室，敲开门，这次，还没有等乔治说话，他便急忙说："我知道您在研究无线电话，也许我能帮上你的忙，我对这项研究也很感兴趣"。当时乔治正在为研制没有进展而不愉快，"你感兴趣就能研制出来吗？我研究这么多年了，还是没有进展，就凭你的兴趣能行吗？"乔治关上了门。面对乔治的冷漠，库帕隔着门大声地喊："乔治先生，我虽然今年刚毕业，还没干过无线电工作，但我很喜欢这项工作。"可任凭他怎样说，乔治还是不肯收留他。

不久，库帕在摩托罗拉公司谋到了一份工作。从进入公司的第一天起，库帕便全身心地投入了无线电话的研制中。他查阅了大量资料，发现无线电话的概念早在40年代就出现了。1946年，贝尔实验室造出了第一部无线电话。但是，由于体积太大，研究人员只能把它放在实验室的架子上。库帕认为，这种无线电话太大太重了，如果能设法减轻重量和体积，那种能够随时携带的电话便可以实现了。他经过多年的努力，终于获得了成功。

1973年4月的一天，一名男子站在纽约街头，手里拿着一个砖头大的无线电话，开始通话，引得路人纷纷驻足观看。打电话的人说："乔治，我现在正在用一部便携式无线电话跟您通话。"打电话的人正是库帕，而接电话的人正是当年把库帕拒之门外的乔治。对方当时也在研制移动电话，但尚未成功。乔治怎么也想不到，当年被自己拒之门外的年轻人在自己之前研制出了无线电话。后来有记者采访库帕时问："如果您当时被乔治收留，您会协助乔治完成手机的研制吗？"库帕回答说："不，如果当时乔治收留了我，我们也许也研制不出现在的手机来。乔治对我的蔑视成了我前进的动力。正因为他拒绝了我，我才重新开辟了一条研制手机的道路，并且获得了成功。"

如今，手机已经成为人们日常生活中不可缺少的通信工具，体积越来越小，摄像头像素越来越高，处理器运行速度越来越快，功能越来越多。除了基本的通话功能以外，手机还可以用来收发邮件和短消息，可以上网、拍照、录音、录像、看电影、玩游戏……库帕说，手机的发展已经大大超过了自己的预期。他认为："可以试着开发一种能为所有人做一切事情的万能设备。"也许在不久的将来，这便会实现。

登上月球的第一人 89
阿姆斯特朗

尼尔·阿姆斯特朗（1930—2012），
美国宇航员，世界登月第一人。

尼尔·阿姆斯特朗出生于美国俄亥俄州。阿姆斯特朗从小就喜欢各种飞机玩具。6岁时他第一次坐上飞机，从此对飞行更加着迷。他15岁的时候就开始参加飞行课程的学习，16岁就拿到了飞机驾驶执照。1947年，阿姆斯特朗进入普渡大学航空专业进行学习。1949年1月，阿姆斯特朗入伍，在彭萨科拉海军飞行基地进行了一年半的训练，于1950年8月结业。1951年6月，阿姆斯特朗在埃塞克斯号航空母舰上进行了第一次航母降落。1951年，阿姆斯特朗被派到金策进行侦察任务。结果，他的飞机被击中，由于飞机机翼损伤过重，阿姆斯特朗不得不弹射逃生。阿姆斯特朗在朝鲜执行了78次任务，飞行时间约121小时。从普渡大学毕业后，阿姆斯特朗决定当一名试飞员。他向爱德华空军基地的德莱顿飞行研究中心递交了申请，但当时没有名额，他被安排到了克利夫兰的格伦研究中心。

1955年，尼尔·阿姆斯特朗进入国家航空和航天局工作，后在加利福尼亚的爱德华兹高速飞行站任试飞员。1955年2月正式开始试飞的工作。五个月后，阿姆斯特朗去了爱德华空军基地，在爱德华空军基地的第一天，他就被安排了飞行任务。1957年8月，阿姆斯特朗首次驾驶超音速飞机，飞行高度约为18300米。后来他又飞了七次，达到了63000米左右的高度和约5.74马赫的速度（6615千米／小时，马赫常用于表示飞机、导弹、火箭的飞行速度，一马赫是一倍音速）。阿姆斯特朗离开飞行研究中心时，已飞过超过两百个机型，飞行时间达到了2450小时。

1962年至1970年阿姆斯特朗在休斯敦国家航空和航天局载人宇宙飞船中心任宇航员。为了使宇航员们熟悉登月舱的操作，登月训练机能够模拟月球表面相当于地球六分之一的重力，使宇航员们能够提前适应登月舱的操作。1968年，阿姆斯特朗在一次训练时，登月训练机在约30米高度突然失灵，他发现训练机即将坠毁后使用弹射座椅跳伞逃生。事后显示，阿姆斯特朗如果晚0.5秒逃生，他的降落伞就没有足够时间完全打开。

1969年7月16日，美国发射"阿波罗"11号载人飞船，第一次把人送上月球。飞船上载有航天员阿姆斯特朗、柯林斯、奥尔德林3名航天员。经过约75小时50分钟的飞行后，飞船进入环月轨道。阿姆斯特朗的目的是安全降落，而没有一个特别的降落点。降落点火三分钟后，他发现登月舱提前两秒飞越了指定的环形山，意味着登月点将偏离计划中的位置好几英里。7月20日20点17分由阿姆斯特朗操纵"鹰"号登月舱在月球表面成功着陆。由于对降落后可能的突发事件不确定，任务计划中两位宇航员需要在着陆后立刻做好紧急情况下迅速起飞的准备。航空航天局的正式任务计划安排两位宇航员在走出登月舱前先休息一会儿。准备停当，登月舱被减压，舱门打开，阿姆斯特朗缓慢地扶着梯子走下了登月舱。1969年7月21日凌晨2点56分，阿姆斯特朗率先踏上月球那荒凉而沉寂的土地，成为第一个登上月球并在月球上行走的人。阿姆斯特朗的左脚踏上了月球，当时他说出了此后在无数场合常被引用的名言："这是一个人迈出的一小步，但却是人类迈出的一大步。"此时，美国之音正在转播英国广播公司的信号，当时全世界约有四亿五千万人在关注着这一瞬间。19分钟后，奥尔德林跟着也踏上了月球。他们开始测试人类在月球上行走的可行性。任务计划的时间安排精确到分钟，一旦错过便不会有机会补救。他们在月面了放置科学仪器，搜集了月球岩石和土壤样品。

阿姆斯特朗走到了登月舱约60米外的地方。这是两人在月球表面最远的活动距离。阿姆斯特朗的最后一个任务是把一个纪念牌放在月球表面上。回到登月舱后，舱门关闭，舱内重新加压。在准备重新起飞时，两位宇航员发现点火器开关不知怎么损坏了。如果无法修复，登月舱就无法点火。情急之下奥尔德林使用一支圆珠笔上的铜芯进行连接，登月舱得以点火。奥尔德林至今仍然保留了这支救了他们命的圆珠笔。

7月24日,"阿波罗11号"登月飞船返回地球,成功降落在太平洋海域。阿姆斯特朗作为登月第一人,为人低调谦逊,从不以太空英雄自居。

斯特朗踏上月球

90 身残志坚的霍金
对科学不懈追求

史蒂文·霍金（1942—2018），英国著名科学思想家和物理学家。

霍金的母亲是苏格兰人，在20世纪30年代考入牛津大学，当时很少有女性能上大学。他的父亲也是一位牛津大学毕业生，是一位医学研究者，在热带疾病方面有专长。童年时的霍金学业成绩并不突出，但喜欢设计极为复杂的玩具，他曾做出一台简单的电脑。霍金专注于课外活动；他喜欢棋盘游戏，他和几个亲密的朋友还创造了自己的新游戏。霍金热衷于搞清楚一切事情的来龙去脉，因此当他看到一件新奇的东西时总喜欢把它拆开，把每个零件的结构都弄个明白，不过他往往很难再把它恢复原样，他的手脚远不如头脑那样灵活，写出来的字也很潦草。

霍金在17岁时进入牛津大学学习物理。在牛津大学学习的第三年，霍金有一两回没有任何原因的跌倒。一次，他不知何故从楼梯上突然跌下来，当场昏迷。直到1962年霍金在剑桥读研究生后，他的母亲才注意到儿子的异常状况。1963年刚过完21岁生日的霍金在医院里住了两个星期，经过各种各样的检查，他被确诊患上了运动神经细胞萎缩症。简单地说就是控制他的肌肉的神经停止了活动。大夫对他说，他的身体会越来越不听使唤，只有心脏、肺和大脑还能运转，到最后，心和肺也会失效。霍金被宣判只剩两年的生命。起初，这种病恶化得相当迅速。霍金几乎放弃了一切学习和研究，因为他认为自己不可能活到完成硕士论文的那一天。

霍金的病情渐渐加重。1970年霍金已无法自己走动，他开始使用轮椅。永远坐进轮椅的霍金，却在极其顽强地工作和生活着。一次霍金在坐轮椅回柏林公寓途中被小汽车撞倒，他左臂骨折，头被划破，伤口缝了13针。48小时后，他又回到办公室投入工作。虽然身体的残疾日益严重，霍金仍然力图像普通人一样生活，完成自己所能做的任何事情。他甚至是活泼好动的。这听来似乎有点好笑，在他已经完全无法移动之后，他仍然坚持用唯一可以活动的手指驱动着轮椅在前往办公室的路上横冲直撞。在莫斯科的饭店中，他建议大家来跳舞，他在大厅里转动轮椅的身影真是一大奇景。他与查尔斯王子会晤时，旋转自己的轮椅来炫耀，结果压到了查尔斯王子的脚。

从某种意义上说，霍金的疾病帮助他成为著名的科学家。在确诊之前，霍金并不总是专注于他的研究。"在我的病情被诊断出来之前，我一直对生活感到厌烦，"他说，"似乎没有什么是值得做的。"霍金突然意识到自己可能活不了足够长的时间来获得博士学位，于是全身心地投入他的工作和研究中。1973年，他出版了他的第一本技术性很强的书《时空大尺度结构》。多年来，霍金共写了15本书。1988年霍金的科普著作《时间简史：从大爆炸到黑洞》出版了约1000万册，被译成40余种文字。

霍金的言语功能逐年退步，在1985年霍金感染了严重的肺炎，不再能讲话，必须用特别的方法传达信息。对方一手拿着一张字母卡，另一手一个字母一个字母地用食指指，当指到霍金想要的字母时，霍金会扬起眉毛，这样慢慢地把整个词拼出来。他的很多著作就是在这种情况下写成的。

霍金的研究对象是宇宙，方法是靠直觉。"黑洞不黑"来源于一个闪念。1970年11月的一个夜晚，霍金在慢慢爬上床时开始思考黑洞的问题。他突然意识到，黑洞应该是有温度的，这样它就会释放辐射。也就是说，黑洞其实并不那么黑。这一闪念在经过3年的思考后形成了完整的理论。1973年11月，霍金正式向世界宣布，黑洞不断地辐射出X射线、伽马射线等，这就是有名的霍金辐射。霍金对量子宇宙论的发展做出了杰出的贡献，1988年获得沃尔夫物理奖。

霍金曾经三次来中国，1985年他到中国科技大学和北京师范大学访问。2002年霍金第二次来中国做科普报告。2006年他在香港科技大学和人民大会堂讲"宇宙的起源"。2018年3月，在泰森的《明星访谈》的采访中，霍金谈到了"大爆炸之前是什么"的话题，他说周围什么都没有。他建议把它看作是地球的南极，由于南极没有任何"南"的东西，在大爆炸之前也没有。他在2007年的一份声明中说："地球上的生命正面临着越来越大的风险，被一场灾难毁灭，比如突然的全球变暖、核战争、病毒或其他危险。我认为人类如果不进入太空就没有未来。因此，我想鼓励公众对太空的兴趣。"

他被禁锢在轮椅上，只有三根手指和两只眼睛可以活动，疾病已经使他的身体严重变形，头只能朝右边倾斜，肩膀左低右高，双手紧紧并在当中，握着手掌大小的拟声器键盘，两脚朝内扭曲。他不能写字，看书必须依赖一种翻书的机器。读活页文献时，必须让人将每一页平摊在一张办公桌上，然后驱动轮椅如蚕吃桑叶般地逐页阅读。每一次演讲前，他会事先准备好讲义，然后用语音合成器把内容发表出来。

霍金说："我的手指还能活动，我的大脑还能思维；我有终身追求的理想，我有我爱的和爱我的亲人朋友；我还有一颗感恩的心。"霍金不仅以他的成就征服了科学界，也以他顽强搏斗的精神征服了世界。

霍金亲身体验失重状态

马歇尔亲身试验
幽门螺旋杆菌 91

巴里·马歇尔1951年生于澳大利亚，著名科学家，中国工程院外籍院士。

马歇尔的父亲是铁路工人，母亲是护士。马歇尔从小就是个自信的孩子，他3岁的时候，就表现得好像什么都懂。上学的时候，如果听不懂老师的课，他便会想："这个老师讲得一点都不好。"小马歇尔还一直是妈妈眼中的"麻烦的孩子"。有一次，他用螺丝刀拆开祖母的一块表，然后试图把零件都装回去，结果最后"多出来"好几个零件，表也报废了。还有一次，他买了很多化学制剂，用报纸卷着火药制成一个超级烟花，点燃后剧烈的爆炸声吓得周围的邻居纷纷逃出屋子。结果不仅满屋都是炸碎的纸屑，马歇尔的小脸也被烧伤，头发被烧焦，连眉毛也烧光了。但这次经历并没有妨碍他探究未知世界的好奇心。在十几岁的时候，他对工程学、化学、物理、生物这些学科都很感兴趣。因为他在家中总是拆装东西，所以在学校做实验的时候，在医学课上实验出了问题时，同学们就会说，请马歇尔过来吧！因为他只需看上几秒钟，就会告诉他们："哦，应该拧这个钮，"或者发现"这个地方连接不对。"

1981年，作为消化科临床医生的马歇尔与病理学医生罗宾·沃伦以100例接受胃镜检查及活检的胃病患者为对象进行研究，证明了幽门螺旋杆菌的存在确实与胃炎相关。此外，他们还发现，这种细菌还存在于所有十二指肠溃疡患者、大多数胃溃疡患者和约一半胃癌患者的胃黏膜中。1982年，他们提出了关于胃溃疡与胃癌是由幽门螺旋杆菌引起的假说。幽门螺旋杆菌假说在刚刚提出时被科学家和医生们嘲笑，他们不相信会有细菌生活在酸性很强的胃里面。在此之前，

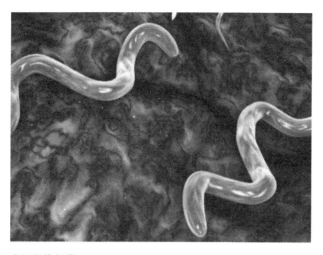

幽门螺旋杆菌

主流学说认为胃溃疡主要是由于压力、刺激性食物和胃酸过多引起的。马歇尔他们提出的"细菌引起胃溃疡"的说法直接挑战了当时的主流观点。

马歇尔与沃伦在动物身上进行了试验，幽门螺旋杆菌对很多动物没有影响。缺乏经费、没人支持、论文被拒绝，在学术会上被冷嘲热讽……他们觉得无法将研究进行下去了。但是，他们对自己说，现在不能放弃。他们必须证明那种细菌可以使正常人感染，并且能引起胃溃疡。他们需要一个试验的志愿者。但是马歇尔和沃伦的理论得不到大家的认同，他们很难找到志愿者参与试验。为证明幽门螺旋杆菌为胃病的罪魁祸首，1984年马歇尔和沃伦决定用自己的身体做试验。在胃镜检查确认自己的胃没有病的情况下，他们吞服了细菌的培养液，之后他们开始出现恶心、胃部疼痛等症状，5天后，冒冷汗、进食困难、呕吐等症状接踵而来。一周后，胃镜检查证明他们得了胃炎，他们的活检标本中也检出了幽门螺旋杆菌。马歇尔忍着病痛，对自己的情况做了详细的笔记。

在漫长的反质疑与验证的基础上，美国权威部门于1994年召开了大会，同意了幽门螺旋杆菌是胃溃疡的元凶这一说法。此时距离他们第一次发表论文的时间已经过去10年了。幽门螺旋杆菌的发现，纠正了当时已经流行多年的人们对胃炎和消化性溃疡发病机制的错误认识，被誉为是消化病学研究领域的里程碑式的革命。由于马歇尔与沃伦的发现，溃疡病从原先难以治愈、反复发作的慢性病，变成了一种只要采用短疗程的抗生素和抑酸剂就可治愈的疾病。他们的发现大幅度提高了胃溃疡等患者痊愈的机会，为改善人类生活质量做出了贡献。这一发现还启发人们去研究微生物与其他慢性炎症疾病的关系。

这项假说经过了11年的考验，马歇尔与沃伦在2005年终于获得了诺贝尔奖。马歇尔的妻子常说他很多时候做事像个小男孩。马歇尔说："科学的探索过程特别像侦探故事。你可以看见犯罪现场，然后你猜测这里曾经发生过什么，接着你开始寻找线索。我觉得这也许是一个线索，让我们找找看这个线索是从哪里来的，那个又是从哪来的，所以我们把幽门螺旋杆菌当成线索，这里有胃溃疡并且还存在幽门螺旋杆菌，于是我们建立联系，然后一点点拼凑出谜题答案。如果你具备小男孩的性格，那么你就会对一些不寻常的事情感兴趣或做一些与大多数人不同的事情，而不仅仅是延续别人的工作。"

　　年过六旬的马歇尔如今仍从事与幽门螺旋杆菌相关的疫苗研究，他立志于食物化疫苗的研究。当今世界，疫苗技术50年来还没有大的突破，他坚信将来通过细胞培养，食物化疫苗会成为大方向。马歇尔是一位不知疲倦的探索者，为了人类的健康，他在科学领域探索不止。

大利亚风光（童之侠拍摄）

92 意料之外的诺贝尔奖获得者田中耕一

田中耕一，日本科学家。

田中耕一于2002年获得诺贝尔化学奖，是日本第12位诺贝尔奖的获得者。与以往的诺贝尔获奖者相比，田中耕一的经历非常平凡，因而也显得非常奇特。他不是教授，没有博士或者硕士学位，只是本科毕业。田中耕一在东北大学工学部学习的是电气工学专业，与化学、生化等领域也关系不大。

田中耕一1959年出生于富山县，他从小就过着清贫的生活。家庭的影响，却让小田中耕一学会了沉下心来做事，他只想着把手头的事情踏踏实实做好。田中耕一的母亲在生下他一个月后便因病去世了，田中耕一自幼便被过继给了叔叔。他在念大学时才得知这件事，他从此立志研究医用测试仪器，为医疗事业做贡献。田中耕一大二时因为德语考试不及格留级。毕业时去索尼公司面试，第一轮就被淘汰。在导师的帮助下勉强进了岛津制作所，被派去不相关的化学科。进公司以后，他怀着极大的热情埋头于实验室的研究工作，为了能在实验室第一线从事研究工作，他拒绝任何的升职考试。因此，他在职场工作二十年了还是个普通的基层职员。

在日本京都，2002年的一天，广播和电视的新闻都开始播报：2002年诺贝尔化学奖获得者是日本的田中耕一。此时田中耕一的妻子正坐在出租车上，她听到广播，还以为自己听错了。田中耕一的养母在看新闻，不由自主地说："这人的名字怎么跟我儿子一样？"熟悉田中耕一的人没有一个相信田中耕一会和世界级的奖项有什么关系。在世人眼中，他只是一个非常普通的人，过着沉默与平凡的生活。他在35岁前都没有谈过恋爱，甚至在大学很多科目不及格，连续两年留级。他不追求名利，甚至在很多年轻的同事都升职的时候，他却依然愿意做一位普通的基层工程师。

田中耕一没有发表过什么论文。日本学术界对他一无所知，在获悉田中耕一获奖消息的那一天，日本教育部在他们的日本研究生命科学学术界的资料名单中找不到田中耕一的名字。最后，他们还是通过互联网才获得田中耕一的履历，媒体在网上搜到了田中耕一的公司：名不见经传的岛津制作所。那些记者一下就把制作所围得水泄不通，临时被采访的田中耕一还穿着做实验用的蓝色工装。

田中耕一的得奖是因为发明了"对生物大分子的质谱分析法"。田中耕一自己认为：得诺奖是个天大的意外。以前分析大分子，必须用激光照射，但是一照它就会碎。田中耕一加入了甘油作为缓冲剂，解决了这个问题。他说，他只是失手，不小心把甘油倒了进去，又因为节俭惯了舍不得扔，阴差阳错做出了一个专利。内心煎熬了一阵后，他公开说自己只是侥幸，希望撤销授奖。主办方给出了回应："诺贝尔奖是用来奖励那些率先提出改变人类思维方式的原创性成果，你的获奖是我们慎重、公正的决定。"

从天而降的诺贝尔奖，把他弄得晕头转向。所长听到田中耕一得奖的消息后立刻乘飞机赶回国，发给他一千万日元的奖励。他的母校把田中耕一的名字写进校章，破例授予他荣誉博士学位，热情地邀请他回校演讲。政府追加了好几个荣誉市民奖，还在最高荣誉——日本文化勋章中，匆忙把他的名字补上。人们以为，名利双收的田中耕一将到处演讲来度过余生。可是他在一场发布会后，回到研究所，潜心做实验，再也不露面了。

田中耕一是非常年轻的一位诺贝尔化学奖得主，他演绎了诺贝尔奖的一个传奇。提到他的成就时，田中耕一的回答关键词只有一个，那就是"兴趣"。他说"我从小就喜欢研究。就职后多次拒绝升职进入管理层，也是因为要留在研究部门进行研究。今后，我也将继续研究。我有兴趣也喜欢搞研究。"他的话提醒人们一个重要的事实：学问的源头就是兴趣。

扫码听音频